明解日本登山史

エピソードで読む日本人の登山

布川欣一

ヤマケイ新書

明解日本登山史

目次

●印は「エピソードで読む登山史」

装丁　尾崎行欧デザイン事務所
本文レイアウト　渡邊　怜

本書の第１部〜第４部は、『目で見る日本登山史』（２００５年・山と溪谷社）、「週刊ふるさと百名山」（２０１０年６月〜11年６月・集英社）に執筆した文章を元に、加筆訂正し、再構成したものです。

第1部 近代登山以前の山と人

1907年、陸地測量部員が劔岳山頂で発見した錫杖と鉄剣 （富山県［立山博物館］蔵／渡辺正和撮影）

1　日本人と山とのかかわり

この日本列島で、人びとは山岳と深く、またさまざまにかかわりながら生活してきた。

本地垂迹説《ほんじすいじやくせつ》　神仏習合の山岳信仰

山岳はまず、人びとの信仰の対象となった。仰ぎ見る山岳は、人びとに荘厳な美を感じさせ、畏怖の念を抱かせる。山体そのものが神となり、あるいは神・霊・物の怪《け》が宿る聖なる場所となる。その山岳を崇拝するだけでなく、神との一体化を求めて山中で行《ぎょう》を積む修験《しゅげん》や、神と里人の仲介役を担う霊媒の活動も、仏教伝来以前から見られる。

古代、原初的な山岳信仰は6世紀に伝来した仏教や道教の影響を強く受け、次第に教理と体制を整えていく。7世紀、葛城《かつらぎ》山（金剛山地）に拠る役《えん》行者・小角《おづぬ》が修験道を開いたとし、8～9世紀、山岳を仏教修行の場とする最澄が比叡山（延暦寺）に拠って天台宗を、空海が高野山（金剛峯寺）に拠って真言宗を興す。

日本各地の山岳には、宗教的開山をこの時代とする「縁起《えんぎ》」が少なくない。その多くが本地垂迹説によって神仏が習合。不二山（フジノヤマ、フジサン）・立山（タチヤマ、タテヤマ）・御嶽（オンタケ、ミタケ）・大山（オオヤマ・ダイセン）など神に因む山名に加えて、阿弥陀・薬師・大

立山曼荼羅佐伯家本　（個人蔵／富山県［立山博物館］提供）

日・観音・不動など仏教に因む名も生じた。

庶民が支えた霊場登拝の隆盛

山岳信仰の霊場は、18～19世紀、江戸時代中期以降の社会的安定、農業や商業の拡充がもたらした貨幣経済の進展などを背景に、大きく変化する。

それまで山岳信仰の霊場は、立山山麓の岩《いわ》峅《くら》寺《じ》や芦峅寺《あしくらじ》、御嶽《おんたけ》山麓黒沢村の武居家などの例に見るように、厳格な修行・精進潔斎と登岳拝礼儀式を定め、一般に山麓の寺社や集落が厳重に管理した。あるいは大峰山、出羽三山のように、修験の行を積む者にしか開かれていなかったりした。

だがこの時代、たとえば木曽御嶽のように、覚明《かくみよう》による無許可登拝（1785年、無精進の信徒引率)、普寛《ふかん》による王滝村からの初登拝(1792年)などを契機に、登拝の規制緩和・簡易化、新登路開拓や登路改修、宿泊施設の拡充が進む。そして笠ヶ岳(1782年・南裔《なんえい》、1823年・播隆《ばんりゅう》〈13世紀半ばに道泉、17世紀末に円空らの先蹤あり〉)、甲斐駒ヶ岳(1816年・延命)、槍ヶ岳(1828年・播隆)など「高岳」の復興と開山が相次ぐ。

さらに富士山、立山、白山、出羽三山、木曽御嶽、相模大山などのように、信徒獲得を目指して各地に「講」を組織し登拝を勧める寺社や宗教者らの活動が、ほとんど全国に及ぶ。秩父札所三十四カ所、四国巡礼八十八カ所のように、宗派をこえた地域連合も形成され、老若男女で賑わう。

これらは、寺社・霊場に拠って暮らす人びとの生活維持の側面をもつ。だが、抑圧的日常を離れて宗教的霊感の体験や現世的利益を願望し、その行動が可能な経済的力量を具えてきた民衆状況に、みごとに見合った。絵解き「曼荼羅《まんだら》」や口説き、各地「名所圖會」に誘われ、人びとは霊山登拝や物見遊山の旅に出た。葛飾北斎「冨嶽」シリーズは、江戸の富士講ブームに支えられた画業である。

●エピソードで読む登山史　播隆、槍ヶ岳開山への道程

槍ヶ岳最初の登頂者は、浄土宗の僧侶、播隆だ。時は文政11年、西暦では1828年8月30日。今から180年あまり前、播隆の槍ヶ岳登山は、現代の私たちが楽しんでいる山旅、趣味の登

山とはまったく異なっていた。それは自らに厳しい修行を課し、人々を迷いや苦しみから救おうとする「衆生済度《しゅじょうさいど》」の強い願いを、命がけで仏に祈る「開山」であった。

播隆は、1786（天明6）年に富山県の山村で生まれた。19歳のときに出家、10年後、名古屋・大阪・京都などを経て、江戸で浄土宗の僧籍を得る。遍歴を重ねた播隆は、寺院や僧侶の腐敗堕落を見た。そして生涯、寺には留まらず念仏専修の道を歩んだ。村々を托鉢しながら念仏唱和を勧め、自らには厳しい山籠《やまご》もりの修行を課したのである。

山籠り修行の場所は、広範囲にわたった。大阪府の和泉山中、岐阜県関ヶ原を見下ろす南宮山、そして上宝《かみたから》村岩井戸（現、高山市）の「杓子《しやくし》の岩窟《がんくつ》」などで、1920、21（文政3、4）年ころから、同じ岩窟へ何度も足を運んでいる。岩窟に籠るときは、夏冬問わず、木綿の単衣《ひとえ》に袈裟《けさ》と衣を纏《まと》うのみ。米麦は摂らず木の実や草の芽だけを食べる木食《もくじき》で、煮炊きした火食は断つ。むろん鳥・獣・魚などを摂る殺生はしないのだから、現代の、いわゆるサバイバル登山よりもはるかに過酷な条件だ。そして念仏三昧《ねんぶつざんまい》、瞑想にふける何十日かを送る。

そんな播隆の行を伝え聞き、信奉する近隣の人々が、多数参集したという。播隆の山籠り修行が伊吹山（滋賀県）に及んだときのこと。播隆は岩窟で修行に勤しんでいたが、地元の信奉者たちが草庵を建てて「播隆屋敷」と称し、ともども参籠するに至ったという。

その後、播隆は、130年前に笠ヶ岳を再興した円空の行跡を慕って、飛驒の上宝へ入る。

1823（文政6）年6月、播隆は、前年まで2年間修行した「杓子の岩窟」がある上宝から、笠ヶ岳踏査に赴いた。そして、道泉以来、長く笠ヶ岳登拝を担ってきた上宝本郷の本覚寺住職・椿宗《ちんじゅう》と出会い、登拝路の復興を熱望する。播隆は、近在村民の助力を得て登山道を整備し、登拝路再興が成って8月1日、笠ヶ岳の再開山を果たした

4日後、再び播隆が村人18人を連れて笠ヶ岳に登頂したとき、「奇蹟」に出会う。頂上で念仏を唱和する人々の眼前、東に連なる穂高・槍ヶ岳の岩稜にかかる霧のなかに、なんと光背を背負った仏が出現したのだ。ご来迎、「ブロッケン現象」である。播隆は、形状端然と天を突く尖塔の上に、このご来迎を拝んだ。仏が招く峰、それは槍ヶ岳であった。このとき彼は、槍ヶ岳開山を強く念じたのだった。翌24年8月5日、播隆は、66人の村人たちと笠ヶ岳に登頂。登拝路の道標に石仏を、頂上には銅仏像を安置して、再び「ご来迎」を拝んだ。

1826年、播隆は、いよいよ槍ヶ岳へと始動する。まず、信濃国小倉村（安曇野市）の中田又重《またじゅう》（飛州街道開通に尽力した）を頼り、登路の相談を持ちかけた。折よく、飛州街道は、24年に上高地まで完成しており、播隆はそれを蝶ヶ岳まで利用した。蝶ヶ岳からは、梓川に下って槍沢を遡《さかのぼ》る。当時、松本藩による木材伐出しが盛んで、二ノ俣までは杣《そま》小屋があったという。杣や猟師たちは、槍沢源頭や槍の穂まで、よく知っていたろう。

播隆は登路を探りつつ、坊主の岩小屋（播隆窟）で山籠り修行に勤しむなどして、下山した。

2年後の1828年、播隆は又重とともに、ついに槍ヶ岳の頂上を極める。岩を集めて祠《ほこら》を調え、銅像阿弥陀仏など三尊を祀《まつ》った。槍ヶ岳開山（旧暦7月20日）を果たし10日を経た8月1日、今度は穂高岳に登って、名号碑を安置したという。

さらに、播隆の槍登拝は1834（天保4）年から3年続いたが、自らが「開闢《かいびゃく》」といった天保5年が圧巻だ。6月から8月まで53日間も山籠りを果たすと同時に、頂上を平らにして、仏像四尊を祀った。また、槍の穂先への登攀を助ける藁《わら》製の「善の綱」も架けた。7月6日には、西鎌尾根を縦走して笠ヶ岳にも至っている。

槍ヶ岳の開山者・播隆
（中村家蔵／渡辺正和撮影）

播隆の槍ヶ岳登山は、又重だけでなく美濃の石工や鍛冶《かじ》、松本の商人、そして広く農民らに支えられていた。「衆生済度」を願う自らの修行の場とするだけでなく、衆生とともに登拝すべき霊峰であった。1年で摩滅してしまった藁製の「善の綱」は、信奉者たちが鉄製に架け変えた。その大願成就を確かめて、播隆は入寂《にゅうじゃく》した。美濃太田宿脇本陣林家で1840（天保11）年、55歳だった。

山の民が蓄えた山の技術と知恵

次に山岳は、人びとの生命を支える山の幸を豊かに育くむ。山菜、木の実、茸、薬草、堆肥や燃料となる落葉、薪炭、木材などをもたらし、猟や漁の獲物を生息させ、地中には鉱物資源、農耕に欠かせぬ水を蓄え川となって人里を潤す。

狩猟を主とするマタギ、木工を主とする木地師、宗教的な行を積む山伏（修験）などは、人里を離れ山中で生活を営んだ。彼らはひとしく、山の神を畏怖し、それぞれの集団に独特の流儀で、祈りと感謝を捧げる所作を怠らなかった。山の地理、四季の気象やたたずまいを熟知し、山と共生する知識と技術を子孫に口伝して独自の文化を継承した。

山と接し、山の恩恵を直接受けながら農耕を併せて暮らす人びとも、杣や炭焼きなどの山仕事や狩り・釣りに精を出した。これら山仕事や山中生活の技術と知恵を身につけ工夫をこらし、山の地理や気象や動植物分布などの知識、登降の方法や臨機応変の対応策などとともに了孫や共同体に蓄積した。この蓄積を継ぐ人びとが、山岳霊場登拝を導いた御師《おし》・中語《ちゅうご》、先達《せんだつ》・東道《とうどう》の系譜とともに、明治期以降、科学者や測量師や登山家などの登山を、裏方として支えることになる。

一方、近隣に相応の山岳をもつ農山村共同体では、豊作を祈り謝し、雨を乞う農耕儀礼や、成人、結婚適齢を証しだてる通過儀礼が定着してゆく。

文人墨客、漂泊の紀行と絵図

さらに山岳は、文人墨客ら知識人や武士官僚らに注視され、記録される存在であった。

農山村民は、生業や生活の糧を得るため山中に分け入ったが、それを自ら記録しなかった。山岳霊場の代参から帰村し、道中や登拝の見聞をみやげ話にはしても、文字に残した例はそう多くない。文を綴り絵を描く習慣や能力の問題はあるものの、山岳を風景のひとつと捉え、「登岳」や物見遊山を状況として記述し描くには、対象を相対化できる視点が必要だ。少なくとも、宗教的呪縛からは自由でなければなるまい。それが可能だったのは、当時の知識人と目される一群の人びとである。

江戸時代半ば以降、各地の国学・儒学・蘭学、本草学などの学者や漢方医、俳人や文人や絵師らは、漂泊と定着とを重ねながら盛んに交流した。彼らの教養や知識を評価し、その生活を支えうる経済的実力者も出現していた。そうした状況から、たとえば谷文晁『日本名山圖會』、菅江真澄『菅江真澄遊覧記』や鈴木牧之『北越雪譜』『秋山紀行』などの優れた民情の記録や紀行が生まれた。

　また山岳は、支配者にとっては自らの財産であった。地勢・産業・民情などの把握（「風土記」編纂）は支配の必須要件で、山岳とその森林は武士官僚が記録し管理した。

　山岳はまた、幕命・藩命によって庶民は立入厳禁の国境警備と保護管理の場となる。加賀・松本・飯田・高遠・松代など各藩（奥）山《やま》廻役《まわりやく》の見分登山記録や絵図から、その足跡が「高岳」にまで及んでいることが確認できる。

　蝦夷地《えぞち》（北海道）では、新しい支配領域として、主に幕命による最上徳内、間宮林蔵、松浦武四郎らの探検・踏査が精力的に展開された。開国へ、国際的圧力が強まる情勢下の営為だった。

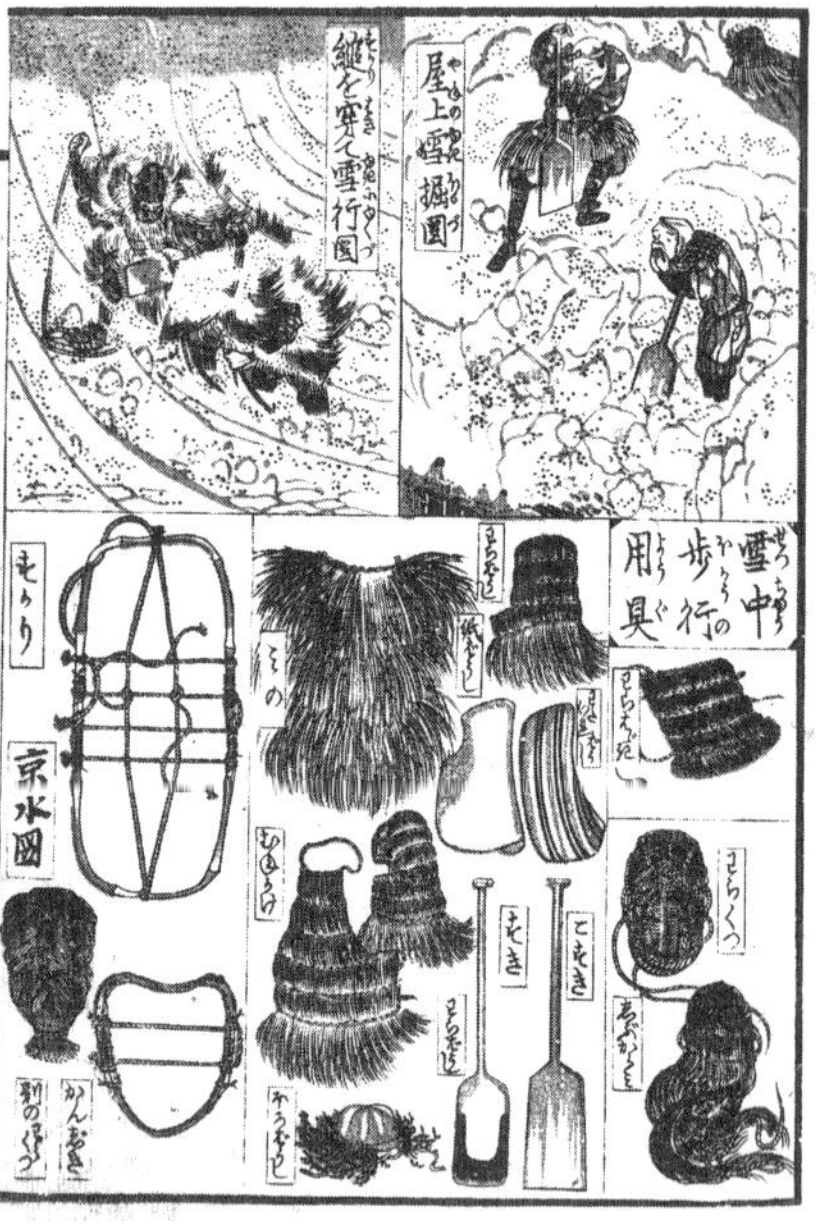

鈴木牧之編撰『北越雪譜』（国立国会図書館蔵）

2　外国人による登山

1854（嘉永7）年、徳川幕府は鎖国政策を転換、開国に踏み切る。この年、アメリカに次いでイギリスと、55年にロシアと、同年にオランダとそれぞれ和親条約を結ぶ。58年には、これらにフランスを加えた5カ国と修好通商条約を結び、近代的外交・通商関係に入った。日本の山岳に、初めて外国人の足跡が及ぶ状況が生じた。

イギリス公使の外国人富士初登

外国人による本邦内最初の登山は、初代イギリス公使R・オルコック（＝オールコック）ら8名による富士山登頂で、1860（万延元）年7月26日（新暦9月11日）。だがこれは、政治的・外交的デモンストレーションの色合いが極めて濃かった。

オルコックは幕府に、日本第一の霊山へ、個人資格でレクリエーションと視察のための旅行をしたいと申し出る。日英修好通商条約は外交代表に日本国内自由旅行の権利を保障するが、その確認が彼の本意。攘夷派の実力行使に手を焼く幕閣は、トラブルも、条約締結引き伸しに弄した虚言が地方視察で露見するのも怖れた。下層階級しか行かぬ巡礼に、イギリス公使が出かけるのはふさわしくない、とまでいうが、条約を楯にとる要求の前に無力だった。

かくして、オルコックも仰天するほど物々しい護衛付き大行列が東海道を行き、5泊を重ねて村山口（富士宮市）へ。珍しい「異人行列」見物に飛び出してきた道々の群衆は、〈シタニリョ（下におろう）〉のひと声で土下座させられてしまう。村山口から山伏3人が先達を務め、強力《ごうりき》の一隊が食糧を担う。石室に1泊して登頂、派手な儀式を催す。

まずイギリス国旗「ユニオン・ジャック」掲揚。オルコックのピストル5発に続き、全員交互に計21発の礼砲を頂上火口に向けて撃つ。女王万歳を三唱して国歌を斉唱、最後はシャンペンで乾杯。一行は諸種の観測ののち頂上近くの石室に泊り、翌日、登路を下山。熱海に行き数日休養する。

明らかに国威発揚を意図したオルコックらの富士登頂に、当時の庶民は拒絶反応を示す。日本人が至高の霊峰と仰ぐ山を異教の徒が穢《けが》した、とする感情的反撥を、かわら版は、登山する外国人を山の神が懲らしめる画文で表現する。しかし、外交官らによる富士登山旅行は続く。1865（慶応元）年のオランダ、66年のスイス、67年9月（新暦10月）の2代目イギリス公使H・パークス夫妻。ファニー夫人は外国人女性初登頂者として新雪の山頂に立つ。

外国人科学者の山岳調査と観測

パークス夫妻以後、外国人の富士登山は急増、〈1875（明治8年）までに、女性3人や積雪期（厳密には残雪期）初登頂者を含めて100人以上に達した〉と英字紙は報じる。さらに明治10

年前後から、文明開化の指南役に招かれた「お雇い外国人」科学者や技術者たちによる登山活動が各地山岳地帯で見られる。彼らのなかには、山岳をフィールドとして採集・調査・観測に当る専門家のほか、職掌を超えて探検的登山を試み、またレクリエーション的登山を楽しむ者が少なくなかった。

高山植物採集と研究の分野では、1860年代、須川長之助を伴って北海道・九州の山々に足跡を残すロシア人マクシモヴィチの先駆的活動があり、ドイツ人デーニッツの男体山、富士山（75年）、スウェーデン人アルキストの富士山、六甲山（79年）、フランス人フォリーの岩木山、伊吹山（80年）などが続く。

地理・地質学の分野では、石狩川水源調査のアメリカ人ライマンが大雪山中から十勝川を下降し（74年）、ドイツ人ラインが男体山、白山（同）、ナウマンが碓氷峠〜浅間山（75年）、蓼科山（76年）、イギリス人ミルンが三原山、岩手山（77年）、鳥海山、月山、磐梯《ばんだい》山、岩木山、阿蘇山（79年）などに登山。キンチが針ノ木峠越え（78年）、スウェーデン人ノルデンシェルドが草津から浅間山登頂（79年）。富士山でミルンが5昼夜（年代不詳）、アメリカ人メンデルホールが4日間（80年）、ドイツ人クニッピングが3日間（87年）、滞頂観測に当る。

ガウランド「日本のアルプス」

明治期初めの来日外国人中、W・ガウランドとE・サトウの登山活動は、ひときわ光彩を放つ。

ガウランドはイギリス人冶金技師で大阪造幣寮（のち造幣局）に招かれた。職掌上、各地鉱山の巡視のほか、１８７２～88年の滞日中、近畿・中国・九州で古墳研究に当り、「日本考古学の父」と称される。一方、上司ディロンと中部山岳地帯に早くから親しみ、越中・飛騨の東側を画する山脈を〈日本のアルプス〉と表現した。登山記録は遺していないが他の資料から、彼は御嶽山（73年）、芦峅寺～立山（75年）、槍ヶ岳（77年）のほか爺ヶ岳、五六岳（蓮華岳）、妙高山、焼山などに登頂、鳥海山、日光連山にも足跡が及んだようだ。

サトウはイギリスの外交官で１８６２（文久２）年初来日。幕末維新期は激動の日本を東奔西走。明治新政府が成立して社会が安定に向かうと、精力的に各地を旅行し山に登る。奥多摩～大菩薩峠～甲府、ディキンズと富士山、浅間山、榛名山、赤城山、日光白根山、ハイネン夫妻やアトキンソンと丹沢大山（77年）、ホーズと大町～針ノ木峠～芦峅寺、高山～野麦峠～御嶽山（78年）。80年には金峰山、農鳥岳、間ノ岳などに登頂。サトウの日本行脚と幅広い日本研究は、後述のように価値ある結実に至る。

このほか、１８７９年には、アトキンソンとディクソンが八ヶ岳（硫黄岳、横岳）、白山、立山～針ノ木峠、ダイバース、マーシャルらも同峠を踏破、81年にホーズが鳳凰《ほうおう》山、甲斐駒ヶ岳に登頂する。

アーネスト・メイスン・サトウ（１８４３～１９２９）

ウィリアム・ガウランド（１８４２～１９２２）

日本アジア協会と『日本旅行案内』

１８７２（明治５）年、在日外国人たちが横浜に「日本アジア協会」を設立。彼らの知的好奇心に根ざす日本情報や研究の交流集積を目的とし、紀要を発行した。先述した在日外国人の旅行や登山記録の多くは、この紀要に負っている。

サトウはこの日本学《ジャパノロジー》研究センターの中枢にいて、さまざまな分野の研究を活用、在日・来日外国人向けに精度の高い「旅行案内」の出版を志す。１８８１（明治14）年、ホーズと共編で東大教授チェンバレンらの助力を得た『中部・北部日本旅行案内』を刊行。ロンドン・マレー社刊のシリーズをモデルとし、ガウランドの〈日本のアルプス〉の呼称や槍ヶ岳登山ガイドなどを採り入れた。本書は版を重ね、日本人著述家や登山家も、大いにその恩恵に与かった。

かくして、分野・方式を異にしながら、様々な道筋をとって、「文明開化」が、さらに濃く厚くこの国の山岳を覆っていく。

3　山の調査・観測　未知への旅

山岳霊場を混乱させた神仏判然令

1868（慶応4）年3月（新暦4月）、明治新政府は、国家神道による祭政一致を目指す宗教政策を打ち出す。神祇官《じんぎかん》を復活、皇祖神（天照大神《アマテラスオオミカミ》を祀る伊勢神宮）を頂点に各地神社を序列化して、民間信仰の神々は末端に組込むか追放する一方、神仏判然令を発し、神社が仏語を神号に用い、仏像を神体とするのを禁じた。神仏習合の民間信仰が1000年余も支えてきた各地山岳霊場は、国学の一派が煽動した廃仏毀釈運動の嵐にもさらされて大打撃を蒙る。明治期初め、社会が一応の安定を見るまで、民衆の信仰登山は下火になる。

先述した「お雇い外国人」らのさまざまな登山は、日本の山岳に生じた右のような間隙に入り込む活動だった。ウェストンは1891（明治24）年から日本各地の山岳に親しんだが、そのころには、著書に〈東洋のアルパイン・クラブ〉と記すほど、御嶽山や富士山などで「講」による登山者が目についた。彼は、登拝者や行者の服装・所作を細かく観察し、その歴史や思想の探求に筆を進めるほどの関心を抱く。彼にやや先立つローエルも、『オカルト・ジャパン』で同様のテーマについて論じた。

日本人科学者による登山と発見

「お雇い外国人」の許で、あるいは欧米に留学し、山岳をフィールドとする近代科学を学んだ日本人科学者が育ってくる。彼らは政府機関・調査所や大学で専門分野の調査・研究を進め、後進の育成に当る。だが未知未踏のフィールドが多く、先駆者は多大の苦難を強いられた。

１８８２（明治15）年に東京植物学会を創立した東大教授・矢田部良吉が、明治10年代の各地山岳で高山植物を採集。白井光太郎、三好学らが続く。

地質調査所所員による山岳踏査――ライマンに学んだ坂市太郎《ばんいちたろう》は１８８５（明治18）年、槍沢から槍ヶ岳に達し、西鎌尾根～三俣蓮華岳～黒部川源流域～太郎兵衛平～有峰《ありみね》を踏査。原田豊吉はドイツ留学後にアルプスで地質調査に当り、帰国後の88年、中部山岳地帯を分類して飛騨山脈、木曽山脈、美濃飛騨高原などと命名。横山又次郎、山下伝吉、中島謙造は82年、赤石山脈に分け入り未踏の中心部を横断、84年には原田を加え地域を分担して大井川源流地帯を探る。大塚専一は89年、大町～針ノ木峠～立山を往復後、鹿島谷から後立山主稜を鹿島槍～白馬岳《しろうま》～蓮華温泉へ、14日を要して踏破。

１８９８（明治31）年には神保小虎が高瀬川～大噴湯丘、湯俣川・ワリモ沢・東沢から黒岳、黒部川・平～立山温泉～立山地獄谷を踏査。四国山地横断後の小川琢治が同年、日本中部を横断して火山の地質断面図を作成。92年（明治25）年に東京地質学会を創立した、のちの東大教授・山崎直方《やまざきなおまさ》は、93年に妙高山、95年に八ヶ岳を調査。ドイツ留学後の1902（明治35）年、白馬大雪渓で氷河の擦痕を、04年に薬師岳や立山東面などでカール（圏谷）地形を発見。立山・雄山西面に「山崎カール」の名を残す。

科学の目で捉え直す山岳と秘境

山岳を捉え直す活動は他の分野でも活発だった。地図作成のための測量もそのひとつ。江戸期に伊能忠敬や石黒信由らが業績を残すが、それは海岸線や平地を主とした。新政府は西欧式測量術を導入して全国大三角測量に取組み、1884（明治17）年、内務省・陸軍・北海道開拓使がそれぞれ進めていた地図作成の測量を陸軍参謀本部測量局（88年、陸地測量部）に統合。この前後から、測量師らは一等三角点設置目標の高峰に登って選点・覘標《てんぴょう》・標石（埋標）・観測の作業に当る。

3000メートル級山岳への測量登山は1879年（明治12）年の赤石岳が最も早く、内務省の梨羽晴起《なしばはるき》・寺沢正明が小渋川〜大聖寺平から登頂。82年の黒戸尾根〜甲斐駒ヶ岳（氏名不詳）が続く。93〜94年、陸地測量部員が白馬岳、前穂高岳、木曽駒ヶ岳、赤岳などに登頂。農商務省山林局・地質調査所・宮内省御料局の測量調査登山も併行、1900年代初頭には飛驒・赤石・木曽各山脈をほぼ登り尽くす。

1894（明治27）年、群馬県の官史や教員らの一隊が不詳の利根川源流を探り、渡辺千吉郎の紀行が話題を呼ぶ。が、この隊は誤って支流の水長沢に入り尾瀬ヶ原に降る。32年後の1926年に再び調査隊が出て大刀根岳（大水上山）に至り、目的を達する。

●エピソードで読む登山史　野中到、厳冬期の富士山頂に82日間滞留

富士山頂を地球物理学的探求の場とする活動は東大の外国人教師らが始め、頂上で重力測定、天体・気象を観測すると同時に、「頂上には整備された観測所が必要」と提唱した。しかし、時の政府は動かなかった。

ここに現われたのが、高山に気象観測所常設の必要性を強く主張した野中到《のなかいたる》である。彼は、私費で富士山頂に観測小屋を建設すると、冬季の気象観測を継続し、あわせて山頂での越冬が可能であることを実証しようと試みた。すでに「お雇い外国人」や田中館愛橘《たなかだてあいきつ》、中央気象台技官らの滞頂観測が夏期に行なわれていたが、観測所の常設は見送られ続ける。

1889（明治22）年、野中は、医学を志し在籍していた大学予備門（旧制第一高等学校となり、太平洋戦争後、東京大学に併合）を退学して、観測所設立準備にかかった。1895（明治28）年2月、積雪調査を目的に、頂上への日帰り登山を行なう。厳冬期の富士の気温はマイナス

30度Cを下回り、猛烈な強風に見舞われる苛酷な環境下にある。瓦のように硬い雪面対策として革靴に釘を装着し、鳶口《とびくち》をピッケル代わりにして登った。登山技術や装備が現代とかけ離れていた当時、登山経験の浅い野中が、厳冬期の富士を極めたこと自体が破天荒であった。

そして同年夏、頂上の観測小屋建設のため、山麓で建築資材や越冬用食料、薪、炭、衣類などの調達・荷揚げを指揮した。これを、いとこでもある妻・千代子が献身的に手伝った。やがて頂上に観察小屋が完成し、観測機器を設置する。気象台からも「野中観測所」として業務委託を受け、10月1日から観測を開始。子供を実家に預けた千代子も10月12日に観測所に入った。

各2坪の機械室、薪炭室、居室からなる木造の小屋で、野中は2時間おきに観測を続けた。だが山頂の寒さと強風はすさまじく、観測機器の使用不能や破損が相次いだ。炊事と観測助手にあたった千代子が浮腫と扁桃腺炎に罹《かか》り、ついで到にも浮腫が現われ一時は死をも覚悟した。

野中至（1867〜1955）・千代子（1871〜1923）夫妻（野中勝提供）

12月12日、たまたま御殿場の有志が陣中見舞いに登頂してこれを知り、22日に救助隊が無事夫妻を助け出した。野中の頂上滞留は82日で途切れた。しかし、彼らの富士山頂上滞留は当時の陸軍中佐・福島安正のシベリア単騎横断（１８９２年）、海軍大尉・郡司成忠の北千島探検（93年）と並び称される快挙とされた。その後も野中は、富士山頂気象観測所の設立を訴え続けるが、夏季のみ、私設観測所（現在の佐藤小屋）だけの状態が続いた。国の富士山測候所が開設されるのは、37年後の１９３２年のことである。

未知領域の探求・反俗の山水漂泊

篤い信仰心から、未知への強い探究心から、あるいはナショナリズムを背負って、自らの意志で地球上の空白部へ踏み入る日本人も登場した。

教典を求めた在家仏教僧・河口慧海《かわぐちえかい》は１９００（明治33）年、日本人初のヒマラヤ越えで鎖国中のチベットに入る。12年後に再び潜入、宿願を果たして15（大正４）年に帰国。この間、東西の本願寺学僧らがチベットを目指し、成田安輝、寺本婉雅《てらもとえんが》、矢島保次郎、青木文教、多田等観は目的を達したが、能海寛《のうみゆたか》は01年、雲南で消息を絶つ。

西本願寺宗主・大谷光瑞《おおたにこうずい》は、仏教伝来のルーツ調査に執心する。世界的探検家S・ヘディンが活躍中の中央アジアへ、１９０２（明治35）年から14（大正３）年までに3回、探検隊を派遣した。白瀬《しらせ》矗《のぶ》は、アムンゼンとスコットが極点到達を競う（11年12月）南極大陸に挑戦、12（明治45）年1月、ロス棚氷に上陸して南緯80度05分まで進む。

他方、国内では明治20年代、ロマン主義文学の台頭が著しい。文明開化が進んで生活の利便や合理的思考が浸透する一方、失った過去や自然懐旧の想いが募る精神状況に、それは対応していた。科学的探究心やナショナリズムに発する未知領域への関心も、日本の知識人に伝統的な山水指向の反俗漂泊も、ともに「自然」に眼を注ぐ。

●エピソードで読む登山史　河口慧海がネパールからチベットへ潜入

明治期半ば、日本にようやく近代登山の活動が目立ち始めたころ、早くも地球の屋根・ヒマラヤを越えてチベットに入った日本人がいる。それは、登山家ではなく、黄檗《おうばく》宗の僧、河口慧海である。

この在家仏教僧は、自らの仏教研究のためにチベット仏典の入手を志し、果敢にして周到な行動に出たのだった。ネパールから日本人初のチベット入りを果たしたのは、慧海の『西蔵《チベット》旅行記』によると、１９００（明治33）年7月4日である。7月1日に、

〈荷持と別れてから三日路を経てドーラギリー（ダウラギリ・８１６７メートル）の北方の霊峰を踏破し、いよいよチベットとネパールの国境たる高き雪山の頂上に到達することが出来ました。〉

石の上の雪を払い、約30キロの荷物を下ろしてひと息つき、

〈南の方を眺めますとドーラギリーの高雪峰が雲際高く虚空に聳え……遥か北を眺めて見ると、チベット高原の山々が波を打ったごとく見えて居るんです。〉

慧海が志を立てて神戸を出港したのは１８９７年６月だから、入国まで丸３年もの歳月を経た

河口慧海（１８６６～１９４５）（宮田恵美提供）

うえに、桁外れの難ルートを通っている。いったいなぜなのか。

長大高峻なヒマラヤ、クンルン両山脈にはさまれるチベット高原は、チベット仏教教主、ダライ・ラマの支配下で、厳重な鎖国政策をとっていた。東から中国の清朝、北からはロシア、南からはイギリスが進出を狙う。ヒマラヤではすでに、イギリス人登山家が活動を始めていた。だから慧海は、チベット潜入を図ると、外国人と露見せぬよう現地の言語・習慣を身につけ、警備が薄いヒマラヤ越えを敢行せざるをえなかった。その準備と情報収集に、3年を要したのだ。

チベット入国後、慧海はマナサロワール湖やカイラス山を回り、翌年ラサに至る。ダライ・ラマと会うなどしたが日本人と発覚して1902年脱出、インドを経て03年5月に帰国した。その後、ダライ・ラマと書信を交わして13年、再びチベットに入国。状況は変わって、現地には日本の学僧が留学しており、チベット語の一切経なども入手していた。

慧海第1回のチベット入りによる『西蔵旅行記』は、当初「東京時事新報」と「大阪毎日新聞」に連載された。口述を筆記させ挿画をつけ、当時の日本人に「チベット」の名を印象づけることに成功し、内情を平易に伝えて好評を博した。この本はインドで英訳が出版され、探検記・民俗誌として評価が高い。また、慧海が持ち帰った大量の仏典や民俗資料は、現在でも各種学術研究機関で、重用されている。

第2部

探検登山の時代

1910年7～8月、後立山連峰を縦走した三枝威之介（前列左)、中村清太郎（前列右）（辻本満丸撮影／安曇野市蔵）

4　近代登山の幕開け

イギリス「紳士」の近代登山

日本にようやく近代登山の時代が近づいてきた。近代登山とは、信仰のためでも生業や職務のためでもなく、遊びあるいはスポーツとして山に登り、それを楽しみ、価値を見いだす活動をいう。19世紀初頭、産業革命を経て豊かになったイギリス「紳士」たちのアルプス遊覧が盛行を見る。モン・ブラン周辺の氷河見物が主流だったが、1854年、A・ウィルスのヴェッターホルン（3701メートル）初登頂を契機に、アルプス未踏の高峰を目指す「黄金時代」の登山活動が始まる。彼らは57年、世界最初の「The Alpine Club（英国）山岳会」を設立、65年にはE・ウィンパーが9度目の挑戦で難峰マッターホルン（4478メートル）初登頂を達成する。「黄金時代」後のアルプスでは、ママリーら前衛的登山家が、氷雪中心の登路を岩稜や岩壁に変え、未踏ルートを求め、困難で冒険的な登攀やガイドレス登山を展開し始める。

イギリス「紳士」たちは、登山を探検的スポーツと捉えた。スポーツだから精神と肉体的能力を主体とする。道具の使用は最低限に留め、鉄鋲付き革靴にピッケル、ロープを携える程度で、山岳ガイドとともに山に立ち向かうのが、伝統的スタイルだった。それを体得したW・ウェストンが来

ウォルター・ウェストン（1861～1940）

日した。1888（明治21）年4月、当年26歳。

「日本近代登山の父」W・ウェストン

日本では明治期に至るまで、山登りは、信仰登拝、狩猟や山仕事などの生業、あるいは山林巡視や測量など職務の営為だった。しかし明治期中ごろからは、純粋に遊びや趣味で登山を楽しむ「近代登山」の活動が目立ち始める。そのような日本の近代登山の幕開けに、このイギリス人宣教師W・ウェストンは大きな役割を果たした。

ウェストンは、1888（明治21）年4月、英国教会宣教師として日本に派遣された。来日後、富士山、祖母山を皮切りに浅間山、槍ヶ岳、御嶽山、木曽駒ヶ岳など中部山岳地帯に踏み入る。その後も乗鞍岳、笠ヶ岳、槍ヶ岳、赤石岳、後立山から針ノ木峠越え、前穂高岳、大蓮華（白馬岳）、常念岳などへ精力的に登り続ける。こうした活動によって、彼は、チェンバレン（イギリス人、東京帝大教授）とメイスン（同、東京電信学校教授）が編み、日本を世界に紹介した『日本旅行案内』に、精細な登山情報を提供する。そして96年には、自らの登山活動と日本研究をまとめた『日本アルプス登山と探検』をロンドンで刊行するに至る。

１９０２年に再び来日、南アルプスや八ヶ岳、戸隠などに足繁く通う。ちょうどそのころ、日本では国土や風景への関心や自然回帰願望が強まり、登山を趣味とする若者が出現し始めていた。そのなかで、02年に槍ヶ岳に登った小島烏水《こじまうすい》、岡野金次郎が彼の著書に出会って感動し、岡野がウェストンを訪ねたのをきっかけに日本の若き登山家たちと彼との交流が始まる。これが、日本に近代登山の組織を生み、活動を本格化させる発端だった。ウェストンの強いすすめと支援を受けた小島らは、05年、日本に初めて「山岳会」（当初は「日本」なし）を設立し、ここに日本の近代登山は本格的に幕を明けた。

１９１２（大正元）年、三たび来日したウェストンは、上條嘉門次《かみじょうかもんじ》や根本清蔵の案内を得て妙義山、奥穂高岳南稜、槍ヶ岳東稜など困難な岩稜登攀を果たし、彼らを名ガイドとして著作で紹介する。そして、小島ら日本の登山家たちとも岳人同士として交流を深めた。

こうしてウェストンは、「日本近代登山の父」として今に讃えられているのである。

〈登山の氣風を興作すべし〉

志《し》賀《が》重《しげ》昂《たか》『日本風景論』の刊行は1894（明治27）年10月。ウェストンが蓮華温泉から巡査らと白馬岳登頂後、山麓住民の妨害に遭ったため「三度目の正直」で笠ヶ岳に宿願を果たし、これとはまったく逆に山麓の村長らの篤い協力を得て常念岳を登った年だ。

志賀は、日本の風景美形成の要因として、〈気候、海流の多変多様〉、水蒸気・火山岩の多量、〈流水の浸蝕激烈〉をあげる。それは、自ら学んだ欧米流地理学による科学的な新「風景論」だ。だが志賀の真骨頂は、これに、本邦に伝統的な風景讃美の詩歌、紀行を配した点にある。まさに「和魂洋才」の典型ともいえる手法である。

さらに志賀は〈「名山」とは火山の別称なり〉と論じた「火山岩の多々なる事」の章に、「附録」として「登山の氣風を興作すべし」を挿入する。志賀は、〈山に登るいよいよ高

『日本風景論』（初版／信州大学蔵）

志賀重昂（1863～1927）（『志賀重昂全集』より）

ければ、いよいよ困難に、ますます登れば、ますます危険に、いよいよますます万象の変幻に逢遭して、いよいよますます快楽の度を加倍す〉と述べ、山は自然界で最も興味ある高潔・神聖なるものとし、〈登山の氣風興作せざるべからず、大《おおい》に興作せざるべからず〉と煽る。まさしく近代登山の鼓吹であった。

そのうえで「登山の準備」「登山中の注意」など登山に関するノウハウを添え、各地の「花崗岩の山岳」をあげ、火山の場合と同様、その所在・山容・特徴・登路などガイドをも記す。登山経験をもたない志賀は、これらをチェンバレンらによる『日本旅行案内』やF・ガルトン『旅行術《アート・オブ・トラベル》』などから借用していた。

刊行当時は、明治日本初の本格的対外戦争中。新しい「風景の美学」を押し出し、国土愛を謳いあげたこの書物は、日清戦争が高揚させるナショナリズム気運にマッチした。ベストセラーとなり、1903（明治36）年6月までに増訂15版を重ねる。

志賀に煽られた木暮、小島・岡野

志賀の「登山の氣風を興作すべし」は、当時、自然回帰願望が濃いロマン主義文学や未知の探究に憧れる若者や教師たちの心を揺り動かす。彼らに、若い情熱を注ぐべき方向を指し示した。

これを、天から響く啓示のように受け止め、憑かれたように上信越の山々を登り続けたひとりが、木暮理太郎《こぐれりたろう》だ。木暮は1895（明治28）年3月刊の第3版を手にした。当年21歳。彼は山岳講の盛んな関東の農村に生まれ、幼少期から山岳登拝に親しんで育ち、仙台遊学中の学生だった。

小島久太（烏水）は1996年6月刊の第6版を読む。横浜の商社勤務（後、横浜正金銀行入行）で22歳。小島は94年、徴兵検査会場で登山趣味を同じくする岡野金次郎（スタンダード石油勤務）を識り、ともに丹沢や箱根に通う。やがてふたりは、1900（明治33）年に乗鞍岳、02年には「運命」の槍ヶ岳登頂に至る。

ウェストンは1902年、富士山に続く南アルプス北岳登頂を皮切りに登山活動を再開。翌03年には早川谷を探り、甲斐駒ヶ岳登頂、04年には金峰山、鳳凰山地蔵岳（オベリスク初登頂）、北岳、間《あい》ノ岳、仙丈ヶ岳へ。次いで夫人を伴い富士山、戸隠山、八ヶ岳赤岳などに登頂。岡野が偶然、ウェストンの著書に触れ、彼の槍登頂・横浜在住を知って連絡し、彼を訪ねたのは02年秋のようだ。これを契機にウェストンと日本人登山家との交流が始まった。それは、この国に初めての近代登山の組織設立に至るのである。

登山史の通説は、ウェストンと志賀を日本近代登山興隆の祖とする。

5　日本山岳会設立と探検登山

槍登頂がウェストンと小島を結ぶ

志賀重昂『日本風景論』刊行（1894年）当時、すでにウェストンは旺盛な登山活動を展開していたが、日本人の活動もなかったわけではない。詳細は「年表」に譲るが、これらの登山活動相互の連絡・交流は稀薄、情報伝達の方法も機関も微弱で、それぞれの活動は孤立状態にあった。「歴史的」ともいえる転換へ「運命的」に導かれたのが、1902（明治35）年8月の小島烏水・岡野金次郎による槍ヶ岳登頂である。登山家・ウェストンの存在を知り、彼と接する道を開いたのは岡野だ。新しく生まれたこのウェストン―小島・岡野ラインに吸引された一グループとひとりの人物。それが日本博物学同志会と高頭式《たかとうしょく》である。

日本博物学同志会は、1901（明治34）年、東京府立第一中学校（現、都立日比谷高校）で生物好きの生徒と卒業生が設立した組織。植物・昆虫の採集・研究が目的で、会誌「博物之友」を発行する。その採集活動の場が林野から山岳地帯へ拡大、採集よりも登山への関心が強まる傾向も表れ、会誌に収めきれぬほどの登山記事が集まる。

高頭式は新潟県三島《さんとう》郡の大地主。東京遊学中、満19歳の年に父が死去して当主・仁兵衛《にへい》を継ぐ。

20歳の１８９７年９月、番頭と八海山、苗場山に登るが、母に「危険だ」として登山を禁止される。募る山への想いを古今の山岳書誌渉猟と研究に向け、その集成を「日本名山綱」と題していた。

「甲斐の白根」に魅せられた人びと

ウェストンと小島・岡野の交流へ、日本博物学同志会のメンバーや高頭らを結びつけたのは、小島の活発な著述活動に負うところが大きい。小島は横浜正金銀行（現、東京三菱ＵＦＪ銀行に合併）勤務のかたわら、雑誌「文庫」記者としても活躍、１９０３（明治36）年、前年夏の槍登頂紀行「鎗ヶ嶽探険記」を同誌に連載。すでに１８９９年に『扇頭小景』、１９００年に『木蘭集』、01年に『銀河』を刊行、山岳紀行作家として筆名を高めつつあった。

ウェストン「甲斐ヶ根登攀」（「ジャパン・ウィークリー・メイル」１９０２年11月１日付）を翻案した、小島の「甲斐の白根」（「太陽」第10巻第３号、04年２月刊）が決定的な契機となった。日本博物学同志会の武田久吉《たけだひさよし》がこれに注目、04年初冬、横浜在住の会員・高野鷹蔵を介して小島を識る。これに、会員の梅沢親光《うめざわちかみつ》、河田羆《かわだしずか》、鳥山悌成《とりやまやすなり》らが加わる。

一方、高頭は明治30年代初め、「文庫」編集部に小島を訪ねるが果たせず、１９０４年春、「日本名山綱」を基にした「日本名山鈔」を出版すべく改めて上京。志賀を訪ね、「甲斐の白根」の話題から小島を紹介され、原稿を携えて会う。高頭は「増補」を依頼、小島は応諾して『日本山嶽志』

と改題するよう勧め、この大著は06年2月、刊行に至る。

ウェストンは、2度目の滞日を終える直前の1905年3月、小島、岡野、武田、高野を横浜オリエンタル・パレス・ホテルに招き、英国山岳会に倣った組織を日本に設立するよう強く勧める。さらに帰国後、英国山岳会幹部の激励文や規則書を送ってくる。

小島烏水ら7人が日本山岳会を設立

1905（明治38）年10月14日、小島烏水ら7人の発起人が、日本初の登山者組織「山岳会」設立を決めた。組織は当初、博物学同志会の支会としてスタートした。（09年に独立、日本山岳会と改称）。彼らは「山岳会設立の主旨書」や「山岳会規則」など具体的な事項を決定し、06年4月5日に会誌「山岳」を創刊した。

発起人の顔ぶれは、
・城数馬（41歳）弁護士、東京市議会議員、山草趣味の旧藩主らと山草会を設立。
・小島烏水（32歳）横浜正金銀行勤務のかたわら、雑誌「文庫」を編集・執筆。
・高野鷹蔵（21歳）早稲田大学学生。
・高頭仁兵衛（28歳）新潟県三島郡深才《しんさい》村（現、長岡市）の豪農。
・武田久吉（22歳）東京外国語学校生徒。E・サトウの次男。

ウェストンを囲む宴（１８１２年）
（安川茂雄『近代日本登山史』より）

・梅沢親光（20歳）東京帝国大学学生。
・河田默（19歳）第一高等学校（現、東京大学に併合）生徒。

の７人である。

このうち、武田・梅沢・河田は東京府立一中（現、都立日比谷高校）出身で、日本博物学同志会会員、高野はその横浜支部の中核であった。

小島は１９０２年夏に槍ヶ岳登頂を果たし、得意の絶頂だった。しかし、その槍ヶ岳に10年も前に登っていた横浜在住のイギリス人の存在を知る。その人＝ウェストンを訪ねると、彼は、登山を愛する日本の青年たちを大歓迎してくれた。彼は、アルプスや日本における登山、また自らが傾倒する母国の美術・建築・経済学の批評家にして社会思想家、Ｊ・ラスキンの自然観、風景論などを熱っぽく語ったという。

１９０５年３月、ウェストンは、小島・岡野・武田・高野に、イギリス流山岳会の設立を強く勧めると同時に、協力を約束して、６月に帰国していった。小島らは、それに力を得て、いちだんと山岳会設立の歩みを加速させた。

財政的基盤の構築に際立つのは、高頭の存在である。高頭は大富豪の当主で、山へのあこがれから古今の山岳書を読破するうち、当時、自然志向の若者たちに人気のあった『日本風景論』の著者、志賀重昂に小島を紹介される。高頭は財政支援（10年間毎年、会費1000人分相当の1000円提供）を申し出た。

こうして、小島を軸に、高頭、博物学同志会の若者4人、さらには、発起人に社会的地位を有する人物を加えるべく、弁護士で東京市議会議員の城数馬を迎え、会の設立に至ったのである。最初に公開された名簿には、418名の会員の名前が記されている。

以降、登山界の発展に大きな役割を果たす、全国の登山愛好者の活動状況と各山岳の情報収集センターが、日本にも誕生したのであった。

●エピソードで読む登山史　日本山岳会設立年月日確定まで

〈明治三十八（1905）年十月十四日、東京で日本山岳会最初の会合が行われた。それはまず日本博物学同志会の支会としての山岳会設立の相談一決であったが、実際問題としてその日は日本山岳会の発祥ということに外ならない〉（沼井鐵太郎「日本山岳会五十年史」、「山岳」51）。

だが黒田孝雄「日本山岳会三十年」(「山岳」30－2)では、〈會の発起人、城數馬・小島烏水・高頭式・高野鷹蔵・武田久吉・梅澤親光・河田默7名の名を連ねた「山岳會設立の主旨書」が発表されたのは明治三十九年四月五日(「山岳」1－1の発行日)であるから、それを以って、日本山岳會が公に設立された日と見るべきである〉としていたのだ。

これを武田久吉「山岳會の成立する迄」(「山岳」31－1)が、三つの根拠を示して訂す。日本博物学同志会の明治38年11月25日発行「博物之友」第5巻第29号に〈山岳及ビ山岳ニ關セル一切ノ事ヲ研究スル目的ヲ以テ本會内ニ「山岳會」ト稱スル一支會設立サレタリ〉とある。また「山岳會設立の主旨書」は〈小冊子として『日本山嶽志』(高頭式編)に挿入されてゐて、それには明治三十九年二月の日附になってゐる筈だ〉(武田が記す年月は『日本山嶽志』奥付の発行年月日。「主旨書」末尾は「明治三十八年　月　日」で月日は空欄)、〈明治三十九年四月以前に入會してゐる人が少數ある(『山岳』1－1に116の「會員氏名」あり)(略)會が成立しない前に正式に入會される筈はないのだから、成立を三十八年としなければ事責に反する譚である〉。

現在、日本山岳会は、冒頭に示した沼井が記す年月日を以って設立としている。

6　日本アルプス黄金時代

山岳会には1907年2月現在、438名が入会。が、彼らには目指す山岳のほとんどが未知の領域だった。地図製作を担う陸地測量部員たちは、三角測量のため、すでに各地の高峰に登頂していたものの、地図はまだ出来ていない。会員たちは、山村の人びとに案内や荷物運搬を頼りながら、尾根や渓谷から頂上へのルートを探り、峰と峰を結ぶ。飛騨山脈、赤石山脈などで果敢に展開された「探検」活動は、山岳会設立の前後から10年余、大正初期までがその「黄金時代」をなす。

「山を看る、登る、読む――山好き集う」

山岳会は、山岳を宗教から解放し近代精神によって接しようとする立場と多様な活動を宣明した。小島によれば、〈山を看るを好み、山を登るを嗜み、山に關する文章を讀むを愛す〉〈山好きが寄り合つた〉組織の誕生である。この組織は、全国登山愛好者の活動センターとなると同時に、会誌「山岳」の発行により情報センターの役割も担う。

すでに国内の多くの山岳は、宗教的には「開山」されていた。森林測量、境界査定や地図作成の測量登山も進んでいた。だが、志賀に煽られ、山岳会設立を知って登山を志す都会や平地の若者にとって、そこは歴史も地理もわからぬ未知の領域だった。未知ならば探検だ――こうして、日本アルプスを主要な舞台とする組織的な「探検の時代」へなだれ込む。この〈開路的登山〉は、まず峰を目指し、峰と峰を結び谷を探って、ほぼ十年で幕を閉じる。

こうした状況を背景に山岳書の刊行が相次ぎ、多様な内容を具えて出版界に一ジャンルを成すに至る。

登頂から縦走へ・探検登山の進展

小島烏水らが山岳会を設立した１９０５（明治38）年、登山活動は登頂や植物採集が中心だった。

尾瀬――武田久吉、梅沢親光（奥日光から）
赤石岳――小島烏水、山崎《やまざき》紫紅《しこう》（小渋川から）
白馬岳――武田久吉、河田羆（大雪渓から）
北岳――伊達九郎、高松誠（広河原から）
槍ヶ岳――鵜殿正雄《うどのまさお》ら（槍沢から）
前穂高岳――鵜殿正雄ら（岳沢から）

鵜殿による岳沢ルートの前穂登頂を除き、いずれも先蹤者があって〈開路的〉登頂とはいい難い。

登頂活動は、１９０６年も林並木による槍・笠ヶ岳・前穂が続く。北アルプスに岳人未踏で残る剱岳は、07年の陸地測量部測量手・柴崎芳太郎による四等三角点選点を経て、09年、吉田孫四郎、石崎光瑤らの登頂に至る。荻野音松《おぎのおとまつ》は06年に大井川源流域を探り悪沢岳を確認、翌07年、赤石岳登頂を果たす。この年、吉沢庄作による祖母谷《ばば》遡行～白馬岳登頂。

峰と峰を結ぶ縦走は、１９０６年の志村烏嶺・高頭式による燕《つばくろ》岳～大天井《おてんしょう》岳～常念岳～槍（その直前、小島烏水が同ルートから常念岳～蝶ヶ岳を踏破しているが、これは当初から意図した活動ではない。常念岳を目ざしたものの山麓の岩原〈現、安曇野市〉で案内を断られ、登山口を求めて北へ移動し、中房温泉から登らざるを得なくなった〝巧まざる縦走〟）などを契機に急速な進展を見せ、08年、石川光春らは、このルートを笠ヶ岳まで延ばす。07年、志村は中房渓谷～東沢乗越～濁～烏帽子《えぼし》岳～野口五郎岳～鷲羽岳を結ぶ探検的縦走を試みる。南アルプスでも、07年に石塚末吉が白峰、鳳凰の両三山縦走を達成。

●エピソードで読む登山史　剱岳初登頂をめぐるドラマ

自らの国土について、厳密な現地測量に基づく正確な地図を作成することは、近代国家にとって必須の事業であった。明治政府は早くからこれに着手しており、幾多の曲折を経て１８８４（明治17）年、地形測量の事業を国防重視の観点から陸軍に一本化、陸地測量部が、これを担うようになった。

1909年7月24日、剱岳山頂の一行。左から宇治長次郎、河合良成、吉田孫四郎、野村義重、佐々木浅次郎、立村常次郎（石崎光瑤撮影／安曇野市蔵／画像処理＝富山県［立山博物館］）

ところが、国内測量終了間際になっても、剱岳は「未踏のまま」に残されていた。剱岳周辺は、すでに立山（雄山）の一等（明治27年選点）、大窓、大日岳、鹿島槍ヶ岳の二等、さらに5カ所の三等三角点に囲まれてはいたが、「地図の正確さを期するには、剱岳にも三角点が不可欠だ」とされていた。

上層部は、担当の測量手・柴崎芳太郎らを動かし、「誰かが行かねば道はできない」と、剱岳登路の探索、「初登頂」へと向かわせた。

だが、剱岳を「禁忌の山」としていた立山宗徒の集落・芦峅寺の人々は、測量隊への「人夫」の提供を渋った。やむなく柴崎は隣の大山村を頼るが、雇い入れた「人夫」のなかに、天才的判断力と登山技術を具えた宇治長次郎がいた。長次郎は、立山信仰に従順で、そのため大きなジレンマを抱えつつ、測量隊には「氏名不詳」で参加する。それでも長次郎が、測量隊の登頂に主導的役割を果たしたのは、小説や映画のとおりだ。

1907（明治40）年7月13日、長次郎は柴崎配下の測夫・生田信《いくたのぶ》らを、頂上への登路と思われる険しい谷に導いた。だが山頂へ続くコル（小鞍部）の手前で自身が落伍、後事を同行の仲間に託すことにする。

大命を背負って登頂を果たした生田は、頂上で平安時代の遺品と目される錫杖《しゃくじょう》の頭と鉄剣を発見して、がく然とする。確かに自分が初登を成し遂げたはずのこの難峰を、はるか遠い時代に何者かがすでに制していたのだ。

下山した生田は、柴崎に登頂ルートは難路ゆえ、三等三角点の選点に要する資材や測量機器の運搬は不可能であることを告げる。7月28日、柴崎らは同じルートを使って登頂を果たし、四等三角点を設けて任務を完了した。この任務に長次郎は不参加だった。つまり、映画や小説のように、ふたりがともに剱岳山頂に立ったという事実は、どこにも確認できないのである。

長次郎が再び剱岳に姿を見せるのは2年後だった。1909（明治42）年、今度は、日本山岳会の吉田孫四郎、石崎光瑤《いしざきこうよう》ら、一般登山者の初登頂の案内を請われたのである。信仰でもなく、仕事でもなく、純粋に山に登ることを楽しむ近代登山の波は、剱岳にも及んだ。吉田らは、長次郎を測量隊の登頂をリードした「剛の者」として迎え、彼が取ったルートを「長次郎谷」と命名、敬意を顕したのだった。

長次郎も自らに課してきた宗教的な「禁忌」を解いて、晴々と登頂を果たしたという。以降、長次郎は、剱岳、立山、冠松次郎らとの黒部渓谷など、北アルプスの未踏の山域に積極的に分け入り、名案内人として大活躍することになる。

剱岳に、三等三角点が設置されたのは２００４年８月、剱岳測量百周年記念事業の一環として行なわれた。「点の記」の選点者名は、あのとき、その地の選定を命じた柴崎芳太郎である。

南・北アルプスを縦横に探る活動

南・北アルプスを主要な舞台とする探検的登山は、いよいよ「黄金時代」にふさわしい様相を呈してくる。

後立山連峰の開拓は、１９０８年、三枝《さえぐさ》威《い》之介《のすけ》らの白馬岳〜五竜岳が皮切り。09年、三枝らの大黒鉱山〜東谷尾根〜南五竜沢〜鹿島槍を経て、10年、三枝が中村清太郎らと鹿島槍から針ノ木峠〜五色ヶ原〜薬師岳〜黒部五郎岳〜槍へと縦走を延ばす。11年に中村孝二郎らが八峰《はちみね》を通過、榎《え》谷《たに》徹《てつ》蔵《ぞう》らが鹿島槍〜針ノ木峠〜烏帽子岳〜双六岳を槍に結ぶ。

また09年、鵜殿正雄が前穂〜奥穂〜北穂〜槍を縦走し、12年には天狗のコル〜奥穂往復〜西穂を結んで、穂高全山縦走を達成する。

●エピソードで読む登山史　鵜殿正雄が初めて槍・穂高連峰の縦走を達成

日本山岳会設立（１９０５・明治38年）当時、北アルプス南部の槍ヶ岳と穂高連峰が、登山家たちの関心を集めていた。鵜殿正雄による09年の穂高岳・槍ヶ岳初縦走はそんな近代登山初期の「探検活動」における画期的な快挙といえる。

東西南北から４本の尾根が集中する槍ヶ岳は、開山した播隆の信奉者たちによって、その穂先に鉄鎖が架けられた。古い時代の登拝は、その後も続いたはずだが、詳細は定かではない。

槍ヶ岳の登山史への再登場は、１８７７年、W・ガウランドによる外国人初登頂である。ガウランドは、飛騨山脈を初めて「日本のアルプス」と呼んだ人物でもあった。

さて、鵜殿正雄の槍ヶ岳登頂は、それから28年後、１９０５年のことである。鵜殿は、長野県佐久の篤農家の養子で、木曽農林学校に通う27歳の青年だった。

９月11日、彼はまず上高地から槍ヶ岳へ日帰り登山を敢行する。上高地――槍ヶ岳の山頂を日帰りで往復すること自体、相当な豪脚なのだが、その翌９月12日、今度は上高地から岳沢経由で、当時はまだ一般登山者が未登だった前穂高岳の登頂まで果たしてしまう。鵜殿の並みはずれた登山者としての能力が、この２日間の山行だけでもうかがえる。

そして４年後、彼は登山史に残る画期的な業績を生んだ。穂高連峰は、槍ヶ岳と肩を並べる岩峰を連ねた山塊で、山の状況すら十分には詳《つまび》らかにされていなかった。ところが鵜殿は、破天荒の「探険」プランを抱いて上高地入りする。なんと、穂高連峰の峰すべてを踏みつつ、その稜線を伝って槍ヶ岳の登頂を果たそうというのだ。それは穂高連峰・槍ヶ岳縦走というアイデアで、名案内人・上條嘉門次、嘉代吉《かよきち》父子の案内を頼った。

１９０９年8月12日、中学生・芥川龍之介らの槍ヶ岳登山の案内をすませた嘉代吉の案内を得ると、鵜殿は明神岳東ルートをとって、まず前穂高岳をめざした。続いて、奥穂高岳から涸沢《からさわ》に下って、岩小屋に泊まる。翌日、合流した嘉門次と、今度は涸沢岳に登ると、北穂高岳から大キレットを下って、南岳へ登り返した。槍ヶ岳への縦走を達成すると、槍沢の一ノ俣小屋に泊まって、さらにここから常念岳、大天井岳を経て、燕岳まで足を延ばした。

鵜殿の業績は、農商務省山林局による境界査定、測量作業の際の「木杭」や「石塚」に助けられつつ、登山家未踏の縦走を果たしただけに留まらない。彼の真骨頂は、その詳細な報告書にある。このなかで彼は穂高連峰の山容を一挙に明らかにした。各種測定機器によって山巓を地点別に表示し、登路のスケッチをつけ、５万分の１「鎗岳、穂高山附近臆測図」まで作成して見せたのであった。

立山・剱山域では、１９１３（大正２）年、長次郎谷から剱岳に登頂の近藤茂吉《こんどうしげきち》らが、未踏の別山尾根を下降し立山～薬師～槍を縦走。木暮理太郎と田部重治が槍～薬師～立山を初めてガイドレスで縦走し、別山尾根から剱に登頂する。ふたりは15年、毛勝山～剱～立山～黒部川～赤牛岳～烏帽子岳をも踏破。冠《かんむり》松次郎《まつじろう》による初の早月尾根～剱、立山～御山谷下降～赤牛岳～鷲羽岳～槍は17年だ。

北アルプスの探検的登山は、1914年の小島らによる双六《すごろく》谷遡行・笠ヶ岳登頂で、ほぼ峠を越えたと目される。南アルプスでは、09年の小島らによる悪沢岳～荒川岳～赤石岳から、12年の中村清太郎らによる光《てかり》岳～上河内岳～赤石岳を経て、14年の木暮による上河内岳～聖《ひじり》岳～赤石岳～悪沢岳に至る。18年、木暮は武田久吉と大樺沢《おおかんば》～白峰《しらね》三山～塩見岳～仙丈ヶ岳～甲斐駒ヶ岳をも踏破する。

●エピソードで読む登山史　木暮理太郎と田部重治が槍から日本海へ大縦走

1913（大正2）年8月2日、木暮理太郎と田部重治《たなべじゅうじ》は、島々《しましま》（安曇村／現・松本市）から徳本峠を越えて上高地に入った。ふたりは、「破天荒なプラン」を実行しようと、歩み始めたのである。

上高地温泉場への道をたどる途中、彼らは旧知の画家・茨木猪之吉《いばらきいのきち》に出会う。茨木はふたりの

木暮理太郎（右）と田部重治（大正2年・茨木猪之吉画／「山岳」第11年第2号より）

「異様な姿」に気づいて、その場でペンを走らせた。「異様な」とは、男ふたりが山案内人も「人夫」も連れずに、大きくて重そうな荷物を背負って歩く様子のことである。

　実は、この「山案内人なし」というのも、画期的な計画の重要な要素だった。彼らは、槍ヶ岳から日本海へ120キロもの山路をたどる大縦走を、案内人もつけず、荷物を運ぶ「人夫」にも頼らず、自力で達成しようとしたのである。これが、彼らがめざしていた「自立した登山の実践」なのだった。

　計画にあたっては、さまざまな工夫が凝らされた。特別注文のふたり用のテントは軽量化を徹底、ポール（支柱）はステッキとして使用した。重い缶詰類の食料品は持たず、腐敗しにくい辛味噌や削り鰹節など、軽い食品を携行した。

　群馬県出身の木暮は40歳、東京市史編纂に携わっていた。いっぽう、富山生まれの田部は29歳、東洋人で英文学の教鞭をとっていた。共通するのは、自然に恵まれ、山岳信仰に親しむ山村で幼少期を過ごしたこと。東大時代、下宿をともにしたふたりは、生涯の岳友となった。

8月3日、ふたりは上高地を発って、槍ヶ岳・西鎌尾根から双六岳を経て、まず三俣蓮華岳に至る。ここは、信濃（長野県）・飛驒（岐阜県）・越中（富山県）、三国の国境が集まる地。ここから、黒部川源流を右手眼下に見つつ、飛越国境を北へとたどった。

山稜は、黒部五郎岳〜太郎兵衛平〜薬師岳〜五色ヶ原と、大きな起伏を繰り返しながら連なり、その先は、信仰登拝の立山に続いている。ふたりは、大胆にもガイドレスでこの縦走を達成しようとしていた。

上高地出立から4日後、五色ヶ原で待ち合わせた中村清太郎と合流すると、そのまま、立山温泉から室堂に至った。11日からは名ガイド・宇治長次郎の案内を受けて、別山尾根から劒岳の登頂を果たした。現在は整えられた一般ルートになっているが、当時は難ルートで、ロープを駆使して岩峰を登った。

8月12日、雨中の早月川を下降して、馬場島《ばんばじま》から伊折にたどり着いた。とうとうふたりは、日本アルプス横断という大縦走を無事に達成、13日、滑川で解散した。これは、当時とすれば、常識を打ち破る山行だった。

ふたりは、この縦走を実行する以前にも、黒部や大井、利根などの源流域を探査し、「探検的登山」の時代を担ってきた。

奥秩父　深林と渓谷に見る山岳美

　木暮理太郎と田部重治は、北アルプスなどで探検的活動を担う一方、奥秩父の山稜や渓谷に縦横の跋渉を重ね、その「深林と渓谷《たに》」に〈日本山岳美の典型〉を見いだす。「秩父時代」を現出したこの活動は、登山口から下山口までを日本の山らしく味わう「山旅」で、伝統的な漂泊観に連なってもいた。この日本独特の登山活動と思潮は、外来のアルピニズムとは異なる系譜として、今日に続く。現在、広く行なわれている登山大衆による活動は、この系譜に連なるといえるだろう。

　木暮、田部の〈奥秩父巡礼〉は、１９０９（明治42）年春に始まり、景信《かげのぶ》山から三頭《みとう》山を目指し、途中、小菅《こすげ》～川野を経て雲取山に登頂した。秋には十文字峠を越え、梓山～甲武信《こぶし》ヶ岳～三宝山往復、川端下《かわはげ》～金峰《きんぷ》山～黒平《くろべら》。12年春、田部は中村清太郎と丹波山《たばやま》村～飛竜山往復後、大菩薩峠～柳沢峠の途中で雪の大黒茂谷に迷い込んでビバーク、寒さと飢えで瀕死の事態に陥るが、翌朝、中村が炭焼小屋に走って辛くも救われた。その夏、木暮、田部は川浦～雁坂峠～破風《はふ》山～木賊《とくさ》山～甲武信ヶ岳～梓山、木暮はさらに三国峠～両神《りょうかみ》山～小鹿野へ。秋には中村を加え、三人で三ノ瀬～唐松尾山～将監《しょうげん》峠～飛竜山～雲取山～大血川、13（大正２）年春には黒平～金峰山～国師ヶ岳～甲武信ヶ岳～梓山～十文字峠～甲武信ヶ岳～雁坂峠～栃本。

　このトリオは１９１５年５月、笛吹川東沢を遡行。ホラノ貝の幽谷で野営し、信州沢を経て甲信国境尾根に至る。木暮、田部は16、17年にも笛吹川東沢釜ノ沢〜甲武信ヶ岳〜荒川真ノ沢を探り、踏破する。

1913年7月、中村が主唱して「秩父会」と称する会合が始まり、トリオのほかに梅沢親光や武田久吉、小島烏水、高野鷹蔵らが顔を見せた。また「山岳」は、その11－1（16年10月刊）を「秩父號」としたが、木暮・田部がその大半の執筆を担っている。

さらに、彼らの業績で見落とせないのが、奥秩父での伝統的な山旅を通しての登山観の構築である。彼らは、奥秩父に「日本山岳美の典型」を見出し、登山を「漂泊」へと結んで、「静観派」の源流となった。それは、今日まで広く読み継がれる山岳書・木暮理太郎『山の憶ひ出』や、田部重治『日本アルプスと秩父巡礼』『山と渓谷』へと昇華、結実した。

冠松次郎の黒部渓谷探検

冠松次郎は、黒部渓谷の踏査に全精力と身代を賭けた。大正半ばから昭和初期（1920年前後）にかけての活動で、冠は新発見を重ね、黒部渓谷の全容を明らかにした。そして、渓谷の遡行や下降を繰り返して、「沢登り」という登山活動の一分野を確立するに至った。

黒部川の流路は約85キロ。その源は、北アルプス（飛驒山脈）中枢の鷲羽岳・西面にある。源流域は西へ穏やかに流れるが、中流域にかかると様相が一変する。薬師岳、立山、剱岳などの立山連

十字峡における冠松次郎（奥）ら一行
（田中薫撮影／学校法人田中千代学園提供）

峰と、鹿島槍ヶ岳、五竜岳、白馬岳などの後立山連峰の間を、北へ急勾配の流れをつくって峻険な渓谷を掘り抜き、扇状地をつくって富山湾へ注ぐ。直立する岩壁が両岸から迫って、はさまれた流路がその裾を洗う渓谷を、越中（富山県）や信濃（長野県）では「廊下」と称した。

急流が続く黒部川流路のほぼ中央に、盆地状地形の平《だいら》がある。信濃と越中を結ぶ古い道筋は、この平を通った。大町から針ノ木雪渓を詰めて針ノ木峠へ。黒部川へ下って、この平を、徒渉または籠の渡しで越え、ザラ峠を登り、立山温泉、芦峅寺を経て、常願寺川沿いに富山に至る。これが往時のアルペン・ルートだった。だが、平は黒部湖（1963年、黒四ダム完成）に沈んで、今は渡船が両岸を結んでいる。現在でも、平の上流は「上廊下《かみのろうか》」、下流は「下廊下《しものろうか》」と呼ばれている。

この黒部川を囲む山域は、江戸時代、加賀藩の国境警備と森林管理を担う、奥山廻り役のテリトリーだった。登山家が、科学者や測量士らに続いてこの山域に足を踏み入れたのは、日本山岳会設立（1905年）以降だ。山域が広く、渓谷を含む山容も多様なため、登山活動の内容も規模も、多彩を極めて活発だった。

そのなかで、冠松次郎が「黒部の虜」となって価値ある業績を築くことになる。彼が初めて黒部川に接したのは1911（明治44）年、白馬岳から祖母谷へ下りたときだった。そして17（大正6）年、早月尾根から剱岳へ初登頂、立山の御山谷から黒部川へ下り、東沢を遡行する活動で、黒部の魅力に取りつかれた。

冠の踏査は徹底していた。飛騨の双六谷から黒部乗越を経て源流域を下り、上廊下・下廊下はもとより、立山連峰・後立山連峰から本流に注ぐ支沢、枝沢を、1本ずつたどった。1925（大正14）年、下廊下遡行の初達成の際に、鹿島槍ヶ岳の棒小屋沢と剱岳の剱沢が十字に交差して黒部川に注ぐのを発見して「十字峡」と名づけた。S字峡、神潭《かみぶち》、白竜峡なども、冠の命名による。幻の剱沢大滝直下に初めて到達できたのは27（昭和2）年。

冠が用いた陸地測量部の5万分1地形図「立山」には、自分がたどった足跡が赤ペンで記入され、自ら命名した地名も、詳細に書き込まれている。また、冠の踏査には、彼の活動に共鳴した「谷《たに》狂《きち》」の沼井鉄太郎、岩永信雄もしばしば同行した。それを、立山山麓大山村（現、富山市）の山案内人・宇治長次郎（陸地測量部の剱岳登頂を導いた）らが支えた。

7　山岳趣味と登山の啓発

ウェストンの著書に掲載の山岳写真

ウェストン『日本アルプスの登山と探検』（1896年刊）は、山中で撮影した山岳景観や登拝者などの写真を別刷で挿入している。彼は、日本山岳の写真を収めて著作を刊行した、ほとんど最初の岳人であろう。だが、明神岳、穂高岳、槍ヶ岳、雪倉岳、木曽御嶽などの写真撮影者は、ウェストン自身ではなく、ハミルトンとホリである。

E・ハミルトンはカナダ聖公会牧師で名古屋在住、ロッキー山脈の登山経験をもち、ウェストン・パーティの〈料理長兼写真部〉。ホリは松本で写真館を営む保里高政の姓だが、実際に山中で撮影に当ったのは、保里写真館の技師・安藤鶴一郎だ。おそらく人夫を雇ったであろうが、組立暗箱式で、キャビネ判ガラス乾板を用いたろう。重い器材を、槍沢源頭近く、あるいは大滝山山腹などに担ぎ上げたうえでの撮影だった。日本における最も初期の山岳写真撮影者として、安藤の名は挙げておこう。

しかし、日本で自らの意思で山に登り、山中で写真を撮影した「山岳写真家」の草分けと呼べるのは、河野齢蔵《こうのれいぞう》と志村烏嶺《しむらうれい》（本名・寛《ひろし》）であろう。

河野・志村、山岳写真草創の人びと

河野は長野県で小学校や女学校の校長を務めながら植物学研究を進め、乗鞍岳（1893年）、白馬岳（98年）に登頂。伊那高等女学校（現、伊那弥生ヶ丘高校）校長在任中の1903（明治36）年、赤石岳に登る。その8月22日に撮影し、10月刊「信濃博物学雑誌」第7号に掲載の「赤石山巓における高山植物」が、日本人登山家による最も古い写真とされる。その後も河野は白馬、槍、燕《つばくろ》、戸隠、八ヶ岳などに登り、高山植物・山岳景観・女学生の学校集団登山を撮り続け、山岳写真草創期に際立つ。

一方、志村は栃木県から長野中学校（現、長野高校）に赴任、矢沢米三郎《やざわこめさぶろう》や河野らが拠る信濃博物学会に入会。植物の垂直分布を研究テーマとし、1904（明治37）年の白馬岳、八ヶ岳登頂を皮切りに日本アルプスの探検的登山を重ね、写真撮影に才を発揮する。志村が04年8月20日に撮影した「白馬嶽ノ絶巓及ビ大残雪」（杓子岳と大雪渓）は、ウェストンを介して英国山岳会「アルパイン・ジャーナル」（06年5月刊）に、小島烏水を介して高頭式『日本山嶽志』（06年2月刊）に掲載された。

明治末期、河野・志村に続いて山岳写真の分野で活躍した多士済々——1909（明治42）年の剱岳登頂を記録する写真を撮影した日本画家・石崎光瑤。薬師岳や仙丈ヶ岳のカール、登山者や案内人など登山風俗にもカメラを向けた辻本満丸《つじもとみつまる》。画面構成・光と影の表現に独特の感性を示し、上高地を美しく撮った辻村伊助。そして「山岳」に掲載する写真の発掘に努めながら、自らも山岳展望をワイドに示す写真の撮影などに腐心した高野鷹蔵。

山岳写真・登山普及活動の主役

（日本）山岳会は、１９０６（明治39）年4月5日に、会誌「山岳」を創刊した。〈山岳趣味と知識の啓發〉をも意図した同誌は、高野らが尽力して格好の山岳写真発表の場となる。写真版は別刷で口絵、または本文中に挿入したものの、当時の製版・印刷技術は、今日からすれば満足できる水準には遠かった。それでも、かなり強いインパクトを読者に与え得たに違いない。写真は、文章や挿画からは得難いリアルな画像をストレートに表現し、強い説得力を持ちうるからである。

　１９０９（明治42）年に初の山岳写真集が登場。志村『山岳美観』一・二集で、四ツ切判コロタイプ

「白馬嶽ノ絶巓及ビ大殘雪」（杓子岳と大雪渓）
（志村烏嶺撮影／高頭式編『日本山嶽志』より）

印刷の写真6葉ずつを収めた。高野は秀作を蒐めた日本山岳写真帖『高山深谷』全8輯を、10〜17年まで毎年刊行（後に2輯追加発行）、それぞれキャビネ判12枚の手焼きの印画を収め、装丁にも贅を尽くす。

1908（明治41）年5月、東京地学協会会館で開催された山岳会第1回大会で、志村は「日本アルプス雑觀」を講演、自身が撮影した写真を着色幻灯（スライド）にして用い、約2時間、参会者を釘付けにした。これに、山崎直方による講演「欧州アルプス」が幻灯つきで続いた。09年の第2回大会では、高野が「上高地幻灯講演」を担当、自身のほか辻村、三枝の写真18枚から幻灯板を自作。山岳写真は年々出品が増え、12（明治45）年の第5回大会では展示用に1室を充当した。11年、矢沢、河野らは信濃山岳研究会を発足させた。8月に松本で開催した記念講演と展覧の会では、保里、河野、志村、高野、辻村らの写真やアルバムが、800名を超す参会者を魅了した。

山岳写真は、その草創期から、山岳趣味と登山の普及に小さからぬ役割を果たし続けてきた。

「登山の氣風を興作」した学校登山

『日本風景論』で志賀重昂は活字を大にして〈學校教員たる者、學生生徒の間に登山の氣風を大《おお》いに興作することに力《つと》めざるべからず〉、生徒に登山させ、その作文を課せ、と力説した。その効用も与《あずか》ってか、日本では、登山普及に学校が果たした役割は、ことのほか大きい。学校が責任を負い、全校生あるいは学年の生徒全員を一斉に同じ山に登らせる学校集団登山は、日本山岳会設立に先んじた。

1899（明治32）年、札幌中学校（のち札幌一中、現、札幌南高校）218名の藻岩山雪中登山（1名滑落死）の例に見るように、男子の学校登山には軍事教練的色彩が濃い。一方、女子の学校登山は1902（明治35）年、長野高等女学校（現、長野西高校）の戸隠山登山に始まる。これを推進し自ら指揮した校長・渡辺敏《わたなべはやし》は早期の白馬岳登頂者（1883年、北安曇郡長・窪田畔夫《くぼたくろお》らと）で、登山は女子の〈精神身体の訓練上、利益あり〉〈国民教育上有用の事〉との信念を実践した。渡辺の志は、富士登山へ進み、大正期に河野齢蔵が白馬岳登山へ発展させる。

女子の学校集団登山は、札幌高等女学校（現、札幌北高校）の藻岩山、東京府立第一高等女学校（現、白鷗高校）の富士山、長岡高等女学校（現、長岡大手高校）の苗場山などが続く。負傷・過労事故も生じたが、明治末期から大正期、隆盛の一途をたどる。これらは、墨守されてきた「女人禁制」の弊を打破し、女性に新しい世界を拡げる教育活動として展開された。生徒は心身を鍛え、登頂の達成感と学校集団の一体感とを実体験した。

男子の学校では、登山を地域の生活共同体の通過儀礼に委ねていたのか、導入が遅い。だが大正期、集団登山は急速に拡大、学校山岳部設立の基盤となる。

8　山案内人群像

ウェストンと嘉門次　交友の記念

上高地の明神池畔、嘉門次《かもんじ》小屋。囲炉裏《いろり》がある部屋の奥、煤《すす》けて黒光りするカモシカの角に古風な猟銃とピッケルが掛かる。小屋の始祖、嘉門次愛用の村田銃、ウェストンが彼に贈ったピッケル（ウェストンが日本で模造させたものらしい）だ。

ウェストンと嘉門次の出会いは1893（明治26）年8月、ウェストンの前穂高岳登頂（当時、前穂が穂高連峰中の最高峰と目されていた）の際だ。嘉門次が8月1日、一等三角点選点のために陸地測量部測量師・館潔彦《たてきよひこ》を前穂頂上へ導いた直後だった。8月25日、嘉門次は館のときと同じ、上宮川谷～ひょうたん池～下又白谷ルートをとって、ウェストンを頂上へ案内した。

ウェストンは橋場で、最適任の山案内人だと嘉門次を紹介されるが、雨が降り続いて、嘉門次は出発を渋る――〈川が増水すると、魚がたくさんいるようになるので、この男には案内よりも釣りのほうが、もっと金になった〉。が、無事に登頂したウェストンは、〈頑丈で小柄な仲間たちはよく働いてくれたので、一日一ドルの日当を払ってやった〉。当時1ドルは邦貨1円50～60銭、日雇労働の日当は30銭が相場だったから格段に高額だ（引用は岡村精一訳『日本アルプス　登山と探検』

1913年、槍沢・坊主ノ岩小屋前での
ウェストン、根本清蔵、上條嘉門次
（上條輝夫提供）

より）。

ウェストン第3回目の来日中、1912（大正元）年8月、嘉門次は南稜から奥穂高岳へ、直登ルートを案内。翌年8月、今度はウェストンが、前年に根本清蔵らと初登攀した槍ヶ岳東稜へ、妻と嘉門次を誘う。まさに登山家同士の交流だった。

山案内人のふたつの系譜

山岳霊場登拝口のほとんどには、霊場を管理し、登拝を勧めて各地に信徒の「講」を組織し、登拝を掌《つかさど》る寺社、その一族らの集落があった。

彼らが組織した富士講、立山講、御嶽講などは、地域、村落あるいは共同体ごとに信徒を束ね、信徒は定期的に少額を出資し合って積立てる。それを旅費、賽銭に当て、農閑期などを活用、講中が信仰する霊場へ輪番で代参する。各地から信徒を迎える寺社は、霊場や登拝路、宿坊を整え、登拝の案内人（先《せん》達《だつ》、東道《とうどう》、御師《おし》、中語《ちゅうご》などと呼称）、祭礼具や荷物を運び上げる「人夫」(強力)を用意する。案内人は、老若混成の信徒集団を山岳霊場へ引率するだけではなく、霊場や寺社の縁起を説き、霊場や頂上での礼拝を主宰する役割をも担う。

明治初期、来日した外交官、「お雇い外国人」科学者や技術者、ビジネスマン、ジャーナリスト、牧師などが日本で登山活動を始める。科学的な調査や観測の登山も、レクリェーション登山もあった。やがて日本人科学者による調査・観測の登山、地図作成のための測量登山などが続く。これら登山活動はほとんどすべて、裏方に支えられた。

登山活動における裏方とは、まず山案内人、次いで食料、衣類、炊事用具、寝具、観測器機などを運び、炊事や宿所の設営などに当る「人夫」である。

信仰登山が盛んな山域では、案内人や強力、その系譜を継ぐ人びとがこれに当った。それ以外の山域では、山村に暮し通常は農業、林業、炭焼き、狩猟、釣などを生業とする人々が臨時に雇われ、信仰登山の場合とは異なる、新しいタイプの山案内人、あるいは「人夫」として登場する。

登山史の裏方・山案内人と「人夫」

地図を含めて山岳情報は貧弱で入手困難、道路事情も悪く交通機関も未発達、山中に宿泊施設など望めなかった時代、彼ら裏方の支えなしに登山活動は成り立たなかった。明治20年代に登山活動を始めたウェストンらも、明治30年代に近代登山に踏み込んだ先駆者たちも、明治40年代〜大正初期に「探検」を担ったエリート登山家たちも、裏方の助力なしには、パイオニア・ワークを進展させられなかったのだ。山村の人びとが担った裏方の活動を欠いて、近代日本登山史は語れない。

登山家が山村の人びとに直接求めたのは、山案内と荷物の運搬、炊事、宿所設営など「人夫」仕事だった。しかし、実際に山中で行動を共にして登山家たちを驚嘆させたのは、彼らが具える正確な地理的情報、卓抜した登降技術と生活技術、的確な気象判断と臨機応変の対応などである。登降ルートや徒渉点・露営場所の選定、地形に応じる敏捷な身のこなし、方向感覚、山中生活の知識と知恵。それらは、地図や文書なしに代々伝えられ、村落共同体や家々に蓄積された共有財産だ。カルチャー・ショックを受け、山村の人びとに「自然人」を見た登山家も少なくない。一方、現代の感覚からすれば見下した視線によると思える「土民」と記す紀行・報告なども遺る。

シナエム、長次郎、平蔵、喜作

登山家を支えて活動を重ねるうち、優れた知識や才能、技術を発揮し、登山家の篤い信頼を得て重用される山案内人が登場、その名が広まる。

最も著名なひとりは、前記、上高地の上條嘉門次である。32歳の1880（明治13）年、宮川ノ池（明神池）畔に小屋を構え、カモシカ猟とイワナ釣りの山人暮しに入る。ウェストンが、著書で紹介して日本人登山家に知られ、鵜殿正雄の前穂高岳～槍ヶ岳縦走（1909年）などの槍・穂高開拓を支える。また、息子の嘉代吉、飛騨・中尾村（現、高山市）出身の内野常次郎らを一級の山案内人に育てる。

「黒部の主」遠山品右衛門は通称シナエム、「上高地の主」嘉門次の4歳下。黒部湖に沈んだ平《だいら》に小屋を持ち、イワナ釣りの腕は抜群、黒部流域を越えて山中事情通の「仙人」。案内はしなかったが、情報提供で「探検」の登山家が恩恵を受ける。

剱岳・長次郎谷――宇治長次郎が１９０７年、陸地測量部・柴崎芳太郎らをこの谷から頂上に導き、その2年後、吉田孫四郎らを同ルートで登頂させた際に命名された。１８７４年、越中・大山村（現、富山市）生まれ。冠松次郎の黒部渓谷探査を支える。

立山山麓・芦峅寺は、佐伯平蔵ら中語の流れをくむ、雪に強い山案内人を輩出。平蔵は１９１３年、4歳年長の長次郎らと近藤茂吉らの剱岳登頂を支え、平蔵のコル、平蔵谷などに名を残す。息子の甚三《じんざ》が平蔵を継ぎ、父・平左衛門と併せ平蔵三代。

小林喜作は１８７５年、信濃国安曇郡牧村（現安曇野市）生まれ。雪山を昼夜の別なく動き回るカモシカ猟で驚異的収穫を得る。槍ヶ岳北鎌尾根初の下降（１９２０年）と初登高（22年）を導く。20年、独力で東鎌尾根に喜作新道を拓き、自分の殺生《せっしょう》小屋に結ぶ。23年3月、黒部・棒小屋沢で息子とともに雪崩に遭い死去。

●エピソードで読む登山史　上高地開拓物語

徳本峠と飛州新道

上高地の開拓は江戸時代に始まった。古くは旧鎌倉街道が通り抜けていたとの口伝も残り、明神池そばにある穂高神社奥宮の造営は、江戸時代以前まで遡るという。

島々宿から徳本峠越えで明神に至る古道にも、1585年、飛騨松倉城主・三木秀綱の妻女が信濃に逃れる途中、杣人に殺められたという戦国秘話が伝わっている。このルートは、松本藩による木材伐り出し作業に従事する杣や役人が利用し、路線バスが上高地に入るまで本道だった。1891（明治24）年、槍ヶ岳を目指したW・ウェストンも徳本峠を越えた。1909年、上條嘉代吉の案内で峠を越えて槍ヶ岳を目指したのは、当時、東京府立三中（現、両国高校）の五年生、17歳の芥川龍之介だった。

1835（天保6）年開通した飛州新道は、小倉村（三郷村／現、安曇野市）から鍋冠山、大滝山、蝶ヶ岳を越えて徳沢に下り、明神池近くの与九郎橋で梓川を右岸へ渡って上高地へ、さらに中尾峠を越えて飛騨・中尾村（上宝村／現、高山市）へと通じた。人と物がにぎやかに往来し、「上口湯屋」（現、上高地温泉）が繁盛した。1828（文政11）年、槍ヶ岳を目指した播隆が辿ったのは、24年に部分開通していたこの街道の信州側の道だった。

明治期、上高地では農地開墾・牧場開設・温泉経営などの借地願いが相次ぐ。中でも牧場はもっとも早く具体化し、梓川沿いに広がる牧場の開設は昭和初期まで続いた。

大正初めには、それまで伐採一方の小梨平一帯に、営林署がカラマツの植林を始める。こうして、上高地の原風景が形成されていった。河童橋は１９１０（明治43）年、それまでの板をはね出して架けた「掀《は》ね橋」から吊り橋に架け替えられ、現在は吊り橋五代目である。

早期登山者と芸術家たち

上條嘉門次は10代初めに杣小屋に入り、１８８０（明治13）年ごろ、現在の嘉門次小屋の位置に山小屋を建てイワナ釣りとカモシカ猟の山暮らしを始めた。

槍・穂高連峰の早期登山者は、１８７７（明治10）年槍ヶ岳に登頂したW・ガウランドとディロン、85年槍ヶ岳から三俣蓮華岳、有峰までを踏査した農商務省地質調査所の坂市太郎、86年、東京〜高山の最短ルートとして槍の肩を越えて飛驒に下ったフランス人法律学者G・アペール、そして91年のウェストンが続く。穂高岳は１８９３（明治26）年、測量官の館潔彦、次いでウェストンが前穂高岳に登頂。１９０９（明治42）年、前穂高岳から槍ヶ岳へ初縦走を果たした鵜殿正雄は、農商務省山林局の「木杭」や「石塚」に助けられる。山林局による境界査定・測量作業は、登山家による「探検」の5年前に完了していた。

飛州新道は１８６０（万延元）年、暴風雨のため崩壊、25年の短命で放棄され、上口湯屋も運命をともにした。上高地の温泉が本格的に復活したのは１９０５（明治38）年だった。上高地温泉場となり、大正期には島々の清水屋主人・加藤惣吉が支配人を務めて活況を呈する。上高地には、文人や画家なども目立つようになる。13（大正2）年夏、この温泉場に泊ったのは画家の茨木猪之吉、高村光太郎、真山孝治、歌人の窪田空穂、谷江風。夜談笑する彼らに苦情を言った隣室の客はウェストンだった。この後、高村を追って長沼智恵子がやってくるが、新聞は「美わしき山上の恋」と書き立てた。一高旅行部の大木操が河童橋でウェストン夫妻と記念撮影したのもこの夏だった。07年には画家・大下藤次郎も滞在した。

１９２５年10月の焼岳の噴火（穂苅三寿雄撮影／穂苅貞雄提供）

観光地化する上高地

大正期には、上高地も穂高岳も、それぞれ有り様を大きく変えた。１９１５（大正４）年、焼岳大噴火で泥流が梓川を堰き止め、枯れ木が林立する水面に、山影を映す大正池ができた。

　そのころ、登山家が独占する地へ観光客を呼び込む動きが急速に強まっていた。大正期から昭和初期、観光地としての上高地を産み出す動きは、新聞社と組んだ地元の人々の宣伝活動もあって、着々と進んだ。梓川に沿う自動車道も、釜トンネルの難工事などを経て、完成した。1933（昭和8）年には乗合自動車（当初は大型タクシー）の上高地乗り入れに漕ぎつけ、これに合わせて帝国ホテルも開業。現在に続く旅館のほとんどが出そろった。

　上高地が風光明媚な観光地として大勢の一般客を迎えるようになり、穂高岳登山にも、ハードな登山活動とは一線を画す、いわゆる一般登山者が増加してきた。以来、これに対応するために山小屋の必要性が叫ばれ、次々と建設されていった。1924（大正13）年に、今田重太郎による穂高小屋（現、穂高岳山荘）が開業、涸沢小屋と西穂山荘が昭和10年代に、北穂高小屋は戦後すぐ、次いで岳沢ヒュッテがこれに続き、登山者の受け入れ態勢が整っていった。

　マナスル初登頂（1956年）や井上靖の小説『氷壁』（57年）による戦後の登山・ハイキングブームは、上高地、穂高岳の人気をさらに高めた。とりわけターミナルの上高地では、芥川龍之介の小説『河童』発端の場となった河童橋やウェストンのレリーフが観光スポットとなり、穂高岳・槍ヶ岳へと続く梓川沿いの道は、「奥上高地」を称する横尾まで観光客・ハイカー・登山者など、目的も行動スタイルも異にする人々が行き交う、山中の大動脈に変貌していった。

9　山岳団体の設立

小島烏水らが設立した山岳会は、1909（明治42）年6月「日本山岳会」と改称。この年5月現在で638名の会員を擁し、日本博物学同志会支会の地位を脱して、名実ともに登山活動と山岳情報のナショナル・センターへの道を踏み出した。

郷土の名山へ地域の山好き集う

この時期、郷土の名山振興の組織も生まれる。

（日本）山岳会設立に3カ月先立つ1905（明治38）年7月12日、北海道倶知安村（現、倶知安町）に蝦夷富士登山会が設立された。会長は河合篤叙《かわいとくじょ》。鉄道や旅館と提携、登山客の便宜を図り、何度も登山会を開催、羊蹄山西口新コース発展に尽くす。

1906年8月、長野県下伊那郡大鹿村の大河原小学校同窓生300人余を集めた赤嶽会が設立され、この年から毎夏、赤石岳登山会を開催する。

1908年には、盛岡に岩手山登山会も発足した。

一方、地域の登山愛好者の組織も生まれ始める。

1908（明治41）年8月設立の飛騨山岳会は岐阜県大野郡大名田村（現、高山市）小学校長・

古瀬鶴之助の提唱による。活動目標は山岳の科学・文芸の研究、精神と体力の修養、飛驒山岳の紹介など。

1909年10月、北尾鐐之助らが発起して名古屋愛山会が成立。100人余の会員が11月の金華山縦走を皮切りに富士、白山、御嶽山などに登り、13回目の登山旅行は11年8月、7泊8日の北アルプス縦走。この会は絵画・図書・文芸の各部が、展覧会、講演会、会誌「文芸」発行などの活動も行なう。

長野では、信濃博物学会を設立（1902年8月）して登山と植物学研究を推進した矢沢米三郎、河野齢蔵らが1911年11月、信濃山岳研究会を発足させる。この組織は19（大正8）年7月15日、信濃山岳会に発展。発会式翌日から記念行事として、白馬岳登頂と、燕岳〜大天井岳〜二ノ俣〜槍ヶ岳を縦走。

中学生が日本山岳会の母体を形成

明治期、学校山岳部はまだ少ないが、その教師や教え子が果たした役割は、けっして小さくない。東京府立一中（現、都立日比谷高校）生やOBが、帰山信順《かえりやまのぶより》の指導で1901（明治34）年に日本博物学同志会を設立、植物採集の場を山岳へ拡げる。（日本）山岳会は、これを母体組織として間借りする形で発足した。

この山岳会の1907（明治40）年2月20日現在「會員名簿」に、〈長岡高等女学校（現、長岡大手高校）〉と〈長野中学校（現、長野高校）舎友會〉とが載っている。ともに山岳部ではないが、長岡高女は06年から苗場山に集団登山を開始、長野中学では寄宿舎の生徒らに登山熱が高く、日曜日ごとに近郊の山を登り、校内の登山幻燈（スライド）映写会が人気を集める。両校ともに日本山岳会会員の教師が複数在職し、多大な影響を及ぼしていた。

明治期の学校山岳部では、林並木が指導した1898（明治31）年設立の第四高等学校（現、金沢大学）遠足部、06（明治39）年設立の府立京都二中（現、鳥羽高校）登嶽部、12年設立の東京高等師範附属中（現、筑波大附属高校）山岳部などが目立つ。

一高、三高、早慶に山岳部設立

1912（大正元）年9月設立の北大文武会スキー部が、雪の到来とともに活動を開始する。

旧制第一高等学校の大木《おおき》操《みさお》らが1913（大正2）年6月、燕岳〜大天井岳〜常念岳〜槍ヶ岳縦走計画を掲げて山岳会設立を呼びかける（大木は〈二高の北アルプス踏破計画を新聞で知って〉と回想するが、確認できない）。28日、日本山岳会の高野鷹蔵、辻村伊助、小島烏水、梅沢親光らが出席して発会式と講演会を開催、陸上競技部の一部門として発足した。翌14年3月、独立して旅行部となる。

この動きに刺戟された三高（現、京都大学に併合）の小島栄らは、１９１３年10月、兄の烏水、高野鷹蔵、辻村太郎のほか加賀正太郎、石崎光瑤、榎谷徹蔵らを招いて大講演会を開催、山本宣治らを委員に一気に山岳会設立へ進む。この三高山岳会に京都府立一中（現、洛北高校）山岳部（15年設立）で育った今西錦司、西堀栄三郎、桑原武夫らが入り、23年に山岳部と改称、本格的なアルピニズムを志向する。

二高（現、東北大学に併合）では、先行の活動を生かし、石川欣一らが高野、辻村伊助の支援を受けて１９１４年５月、山岳会としての活動を始める。15日年、神戸高等商業（現、神戸大）、七高（現、鹿児島大）、八高（現、名古屋大学に併合）などに山岳部設立が続く。

私学では、15（大正４）年５月、槇有恒らが教授・鹿子木員信と小島烏水らの助力で慶應義塾山岳会を設立。斎藤新一郎の剱岳〜三ノ窓〜大窓初縦走などの業績を積んだの

１９１３年８月７日、河童橋上の一高山岳会の一行とウェストン夫妻（大木操撮影／日本山岳会蔵）

ち、大島亮吉らを迎える。

早稲田大学は１９２０（大正９）年、井上寿三、会田次郎らが山岳会を設立。暁星中学（現、暁星高校）から舟田三郎、麻生武治らが入部。慶応、学習院（輔仁会《ほじんかい》旅行部の板倉勝宣、松方三郎、岡部《おかべ》長量《ながかず》ら）に、激しく対抗意識を燃やす。

神戸に見る山岳会の百花撩乱

大正初期、地域社会人の山岳会には、中学校教師らの山梨山岳会（１９１３年設立）、低山趣味に徹した霧の旅会（19年設立）など、特色ある組織も多い。

一方、神戸では、15（大正４）年、日本山岳会関西大会を契機に、低山逍遥を楽しもうとする市民が地域の山に密着、アルコウ会など風変りな名の組織を多数生み、百花撩乱の状況を呈する。

すでに１９１０（明治43）年11月に塚本永堯《つかもとえいぎょう》らが設立した神戸草鞋《わらじ》会が、先導的役割を担っていた。13（大正２）年10月に神戸徒歩会（ＫＷＳ）と、また32（昭和７）年に関西徒歩会と改称したが、毎月１〜２回、〈神戸市背後ノ山野（六甲山）ヲ跋渉スル〉活動を、日中戦争の時期まで継続した。会員の活動は13年の御嶽登山から年々エスカレートし、雪の南・北アルプスを目指したり、スキーやロッククライミングから〈家庭本位野遊ビ会（ピクニック）〉まで多彩だった。初期の日本山岳会会員で「探検登山」に活躍した榎谷徹蔵、ＲＣＣ創立者の藤木九三《ふじきくぞう》、水野祥太郎らや外国人を会員に擁し、英文欄もある会報「ペデスツリヤン」を発行する。
このKWSを刺戟したのは、1907年ごろ結成され、併立した在日外国人のMountain Goats of Kobe（MGK、神戸カモシカ山岳会）だ。

●エピソードで読む登山史　明治末に誕生した在留外国人の登山クラブ

神戸に在留する外国人の山好きが、MGK（神戸カモシカ山岳会）を設立したのは、1907（明治40）年である。彼らは、それぞれの仕事ばかりでなく、自らのレジャーのために経費と時間と情熱を注いだ。

彼らはまず、この町の背後に連なる六甲山地をフル活用した。ここをハイキングのフィールドとし、ゴルフ場を開設し、別荘やヒュッテを建て、さまざまなミーティングやパーティを催した。雪が積もればスキーを楽しみ、東部の岩壁ではロック・クライミングに勤しんだ。

やがて彼らの活動の場は、当然のように、南北アルプスや各山域に広がっていく。MGKのメンバーにそうさせたのは、神戸に先住したW・ウェストンへのあこがれだったに違いない。ウェストン第1回の来日は1888（明治21）年。最初の任地・熊本から神戸に移ったのが89年12月で、94年まで滞在した。富士山や九州・祖母山を皮切りとするウェストンの登山活動は、90年に始まった。その内容は『日本アルプス　登山と探検』（"Mountaineering and Exploration in the Japanese Alps" １８９６年刊）にまとめられている。

ウェストンは、日本に近代登山を本格化させた功労者だが、日本に在留する外国人たちも存分に刺激した。その具体例が、神戸のＭＧＫである。ＭＧＫはまた、日本山岳会設立（１９０５年）以後の日本人登山家の「探検登山」にも、少なからぬ影響を受けていた。

ＭＧＫの中心メンバーはＨ・Ｅ・ドーントだが、生没年も国籍も定かではない（カナダかフランス）。日本山岳会会員となった彼は、後にウェストンの推薦を受けて英国山岳会会員にもなる。自ら「ベル・ゴート（首に鈴をつけて一団をリードするカモシカ）」と称し、会員それぞれに同様のニックネームをつけた。例えば、足が達者なＪ・Ｇ・Ｓ・ゴースデンは「フライング・ゴート」、若いＢ・アブラハムは「キッド・ゴート」、Ｒ・アーウィンは「針ノ木ゴート」、横浜の

Ｈ・Ｅ・ドーント（生没年不詳）（「ＩＮＡＫＡ」より）

ＭＧＫの会誌「ＩＮＡＫＡ」（神戸商科大学蔵）

O・M・プールは「ロッキー・ゴート」。ふたりの日本人会員、長野武之丞は「スミヨシ・ゴート」、近藤茂吉は「ハングリー・ゴート」……。

MGKはまた、1915（大正4）年から24年までの10年間、不定期刊の会誌「INAKA」を18巻刊行した（すべてドーントの編集）。これは、会員の寄稿による登山記や旅行記、随想や詩、新聞や雑誌記事の再録、写真やスケッチなどによって構成されていた。右に挙げたニックネームが頻出し、会員について知識がないと理解不能の箇所もあるが、親しみやすく、特に絵がユニークで楽しい。

17年10月、ドーント、ゴースデン、長野が、南アルプス・鳳凰山の地蔵仏に第3登を果たすなどの記録も残したが、MGKは、ドーントの離日を機に消滅してしまう。だが、藤木九三らのRCC設立を促すなど、国際都市・神戸から光芒を放った、在留外国人の登山団体だった。

10　雪山への試行

青森第五連隊が八甲田山雪中行軍で大量遭難

作家・新田次郎の作品に、ベストセラーとなった『八甲田山死の彷徨』がある。

1902（明治35）年1月、八甲田山中で、雪中行軍訓練をしていた陸軍の将兵210名が猛吹雪に遭い、199名が疲労凍死（自決者を含む）するという、世界山岳史上でも未曾有の大量遭難がそのモチーフである。後年、新田が当時の記録や生存者の聞き取りを元に小説化し、さらにこれを原作とした映画『八甲田山』（森谷司郎監督）も大ヒットした。

全滅に近い数の死者を出したのは、歩兵青森第五連隊である。同連隊は1月23日に兵営を出発し、八甲田山北東山腹の田代平《たしろたい》に向かうが、踏み入った駒込川の谷間で猛吹雪のため道を失い、山中をさ迷うこと三夜を重ねる。次々と疲労し、錯乱して倒れていく将兵――。まさに「死の彷徨」が大きな悲劇と化していった。

いっぽう、弘前三十一連隊も同時期、同山域で雪中行軍に従事していた。こちらは1月20日に38名で弘前の兵営を出発し、反時計回りで12日間、吹雪の十和田湖南岸から八甲田山中の難行を克服して、31日に1名の落伍者もなく全員、無事帰営している。

同連隊は25日、奥入瀬《おいらせ》を横断して三本木へ至り、交差するはずの青森連隊が2日遅れていることを連隊本部に打電する。これを受けて26日から青森連隊の救援活動が始まっていたが、28日、弘前連隊が山中でおびただしい数の凍死体に遭遇、目を覆わんばかりの惨状に驚愕、落胆したのであった。

このような苛酷な雪中行軍を軍部首脳が現場に強いたのは、当時の国際情勢に関係がある。日清戦争後の三国干渉、朝鮮半島や中国北東部（満州）における権益をめぐって、日本とロシアとの対立が激化していた。軍部首脳はロシアとの戦争を想定し、雪中軍事行動の経験と訓練の必要性を強く感じていたのである。

だが、その苛酷な実験は、山岳地帯の風雪や低温に対する認識を欠落させたまま行なわれた。雪中行軍に臨む体制や指揮、運営も適切でなく、服装や装備、食料や燃料なども著しく低劣であった。総じて悲惨な結果に終わった青森連隊に比べ、弘前連隊は数段優れた準備と体制、一元的な指揮、毛織物を主体とした衣服、細かく配慮された小物などが際立っていたという。

この未曾有の大量遭難事件後、青森連隊の生存者中、軽症の3名と弘前連隊の行軍参加者38名は、日露戦争で最激戦地へ送られ、その大半が戦死した。遭難の現場を目撃した地元民は、厳しく口止めされ、それは30年近くも厳守された。

レルヒ以前のスキー移入の記録

スキーとスキー術の本格的な伝来は、1911（明治44）年、オーストリア陸軍のT・レルヒによる、とするのが一般的。だが、それ以前にもスキー移入は見られ、多くの記録が発掘されている。

①1895（明治28）年、陸軍大尉・松川敏胤《まつかわとしたね》が満州からロシア式スキーを持ち帰る。

②1902（明治35）年、ノルウェー総領事O・オッテセンが八甲田山遭難事故を憂慮、本国からスキーを取寄せて軍関係に贈り、自身も神戸・六甲山で滑る。

③1904（明治37）年、青森県野辺地の野村治三郎が雑誌でスキーを知り、ノルウェーから購入、試乗する。

④1906（明治39）年、英公使館付武官S・A・デルメラトクリッフがスキーを携えて来日、09～10年、札幌の月寒連隊で実技を見せ、そのスキーを連隊に贈る。

⑤1909（明治42）年～10年、北大ドイツ語教師コラーが取寄せたスキーを学生の山根基信が加藤教授邸で試みる。学生らは大学構内で模造スキーに親しみ、11年2月、札幌・三角山で本格的にスキー活動を開始する（スキー部設立は12年）。

⑥1909年12月、オーストリアの貿易商E・F・クラッツアーがスキーを携えて来日、御殿場で滑る。11年3月、山形県五色温泉を訪れ、スキー講習会などを重ねて同地をスキー場として開拓。

12年2月、秋田県小坂鉱山でも講習会（以上は残存資料によるが、本人の回想では順序が逆）。
⑦1910年11月から旭川北鎮小学校が師団長・上原勇作寄贈のスキーを活用、12年3月にスキーゲームの大会を開催する。
⑧1910年初冬から、月寒連隊の中尉・三瓶勝見らが、デルメラトクリッツから贈られたスキーに親しむ。三瓶は少年時代から、兎狩りに「樺太カンジキスキー」を愛用していた。
⑨1910年、スウェーデン公使・杉村虎一が陸軍省にスキー2台とフランス語指導書を届ける。このスキーは新潟県高田に送られ、師団長・長岡外史が大尉・鶴見宜信らに命じてレルヒ来講の事前研究に使わせる。
⑩1910年12月〜12年1月、東京高等師範学校教授・永井道明が秋田・山形・岩手・青森の各県で、スウェーデンでのスキー体験を講演し実技を見せる。

（以上、中浦皓至、二〇〇一年「日本スキーの発祥前史についての文献的研究」などに拠る）

右記は、多くが北欧発祥スキーの移入だが、間宮林蔵『北蝦夷圖說』（1810年刊）が示すカラフトのストー（木製、両端を曲げ裏面にアザラシの皮を張った雪上歩行具）を移入、狩猟に用いた例もある。

レルヒのスキー術伝授

　レルヒはオーストリア陸軍の参謀将校で、1910（明治43）年11月、日清・日露両戦争に勝った日本の軍事事情視察を任務に来日した。彼がM・ツダルスキー門下のスキー熟達者と知った陸軍省に指導を請われ、翌11年1月、高田（現、上越市）へ赴く。彼は東京の砲兵工廠でオーストリア軍用スキーを10台模造させ、これを携えた。

　レルヒはまず、1月12日～3月12日、将来の指導者にしようとスキー専修将校14名を指導。高田の師団長らは、八甲田山の大量遭難事故に至った雪中軍事行動の隘路打開を念頭に、スキー訓練や雪踏自動車開発に真剣に取組んだ。さらにスキーを軍隊内に留めず、冬期の雪上スポーツ、また雪上歩行具として民間にも広く普及させようと努めた。

　例えば、新聞記者を招き新聞を介した情報伝播を促す、各県知事を通して中学校などにスキー導入を呼びかける、スキー製作の指導に当る、など。レルヒも2月に5日間、民間指導者養成の試行として、新潟県内中等学校の体操教師27名（女性2名）に講習する。

　高田の師団はこの月、地元紙「高田日報」が設立した高田スキー倶楽部を支援。陸軍主導の組織として1912（明治45）年に越信スキー倶楽部を設立、また各地の雪中具やスキー文献を集めたスキー館を開設し、スキー中心の盛大な雪上イベントも開催した。

1912年1月、レルヒは高田で59名、小千谷で49名を集めた官民スキー大講習会に臨んだが、その直前、冬休みで帰省中の師団長の子息を訪ねてきた学習院生8名にも、4～5日間教えている。

この年2月初め、レルヒは旭川に転じる。北海道各地からスキー研究委員として集められた陸軍将校は21名。新聞で受講を呼びかけ、応じた逓信・郵便関係者、「小樽新聞」記者、北鎮小学校・小樽高等女学校教員らが12名。計33名に3週間の講習後、4月までスキー登山などの実習を続けた。

スキー――雪山の登高・滑降具

スキーの発祥はスカンジナビア。長尺のスキー板に籐製締具を付けて2本杖を用い、緩やかな起伏の広大な雪原を平地滑走・直滑降した。このノルウェー・スキー術は、急峻な地形を森林が覆うアルプス山麓には不向きだ。ツダルスキーは、これに回転の技術を導入して体系化した。道具の改良も併行、長さを180センチ程度まで短縮して金属製締具とし、滑走面の溝を廃して1本杖にする。

レルヒが日本に伝授したのは、このツダルスキーが開発したシュテムボーゲン中心の技術とその道具だった。レルヒは11（明治44）年4月、クラッツァーらと富士山にスキー登山、九合目付近まで至る。5月には高田の将校らとスキーで妙高山に登頂。12年3月、旭川で受講者を半面山に導いて、北海道におけるスキー初登山を記録。さらに4月、将校ら8名と羊蹄山に初のスキー登山を試

テレマークを練習する日本軍人たち（中浦皓至『日本スキー・もうひとつの源流』より）

み、五合五勺付近の森林内にスキーをデポ、頂上直前の地点にまで達した。

こうしてスキーは、雪上歩行具としてよりは、より強く山岳の登高・滑降具のイメージを重ねて日本に伝わった。このことが、日本の登山状況を大きく変える要因となる。スキーは高田と旭川を起点にまたたく間に各地へ伝播し、これまで無雪期に限られていた登山活動を積雪期にまで拡げ、その〈絶対的必需品〉の地位を占めるに至る。

アルプス登頂・雪と氷への挑戦

日本中部山岳地帯は、ガウランド、サトウにより「アルプス」に見立てられ、ウェストン『日本アルプスの登山と探検』で広く世界に紹介された。日本人の多くは、そこを「アルプス」と仮想して登ったが、いくら見立てても本物以上ではない。見立てられた富士や銀座と同様、それに親しめば親しむほど、本場への関心は高まり、憧れは強くなる。

幕臣の徳川昭武、栗本鋤雲《くりもとじょううん》、渋沢栄一、高松凌雲《たかまつりょううん》、画家の高島北海、吉田博、丸山晩霞《まるやまばんか》、地質学者の原田豊吉、田中阿歌麿《たなかあかまろ》や哲学者の鹿子木員信《かのこぎかずのぶ》などが、すでにアルプスに接してはいた。が、ついに登山家が本場アルプス詣でを開始する。まず加賀正太郎、次いで辻村伊助、近藤茂吉。日本アルプスより、緯度も標高も高いアルプスの頂上を目指せば、当然、雪線を越す登高となる。1910（明治43）年、ユングフラウに始まる日本人のアルプス登高は、何よりも雪と氷への挑戦であった。

●エピソードで読む登山史　22歳の学生登山家がユングフラウに登頂

1910（明治43）年8月、ヨーロッパ・アルプスで日本人が初めて本格的な登山活動を展開した。22歳の学生登山家、加賀正太郎のユングフラウ（4158メートル）登頂である。加賀は東京高商（現、一橋大学）の生徒で、大阪で江戸時代から両替商を営んだ資産家の御曹子だった。生家は大阪だが、中学からは東京で学んだ。自然志向の生徒が多かった府立三中（現、都立両国高校）で同期の中村清太郎（のちに山岳画家）とともに高商へ進み、08年、日本山岳会に入会した。

中村の生家は、東京・日本橋の反物商だった。小学校高学年の時、富士講の先達を務める出入

ユングフラウ登頂時の加賀正太郎（左）とガイドのヘスラー（加賀高之蔵／大町山岳博物館提供）

りの職人に連れられて登頂し、以後、登山にとりつかれて、加賀を感化した。また、高商には2期上級に、北岳に日本人登山者としての初登頂（１９０４年）を果たした三枝守博がいて、彼もまた加賀と中村を刺激した。

加賀は１９１０年、ロンドン日英博覧会などを回る夏休みのヨーロッパ旅行に、アルプス登山を加えた。彼がユングフラウを選んだのは、地理学者で日本山岳会会員の山崎直方の指示だった。

山崎は、１８９８年から3年間のドイツ留学中、アルプスにも足を運んでいた。08年5月、日本山岳会第1回大会で「欧州アルプス」と題して講演、アルプスの高峰を幻灯（スライド）で紹介したり、登山靴やルックザックなど、多くの日本人がまだ知らない登山用具を披露した。

この年、日本山岳会に入会した加賀は、10年、山崎のアドバイスに従って、ミュンヘンで登山の衣服と用具を整えると、インターラーケンで、ガイドのヘスラー父子を雇った。

ユングフラウはベルナー・オーバーラント山群の盟主。常に白衣をまとう美しい山容が、「若い乙女」という名前にふさわしい山だ。加賀らは8月23日、登山鉄道の終点から山小屋に入り、24日、山小屋から5時間弱で登頂に成功、日本人初の４０００メートル峰サミッターとなった。その日は好天で、モン・ブランやモンテ・ローザなど、眺望は広大だったという。

加賀は翌11年、卒業すると大阪に帰って加賀商店を再興し、以後、ニッカウヰスキーの創業（最初期の筆頭株主）など実業に徹し、大山崎山荘美術館を今に遺す。登山界で華々しい活動を続けた三枝や中村とは、まったく対照的な人生を歩んだ。

加賀の活動に刺激を受けて、日本人のヨーロッパ・アルプス挑戦は続いた。だが、本格的な登山活動は、大正期の辻村伊助（１９１４年1月ユングフラウ、メンヒ／8月グロース・シュレックホルン）、近藤茂吉（14年グロース・シュレックホルン）、鹿子木員信、さらには槙有恒《まきゆうこう》らの登場を待たねばならなかった。近代登山を担った第二世代に当たる彼らの挑戦は、登山の技術と思想の根幹を培うと同時に、日本登山界に新しい潮流をもたらしたのだった。

第3部 岩と雪の時代

涸沢の岩小屋から前穂高岳を望む
（岡部長量撮影／「登高行」4より）

11　アルピニズムの洗礼

日本登山史を大きく転換させる快挙が、ヨーロッパからもたらされた。１９２１（大正10）年９月10日、槇有恒、アイガー東山稜初登攀達成の報である――〈ヘルは之《こ》れで世界の人となつた〉。

槇によるアイガー東山稜初登攀

YUKO MAKI が EIGER 東山稜の登攀に初めて成功した――ヨーロッパの通信社が発したこんな電文を受け取って、日本の新聞社は当初、わけがわからなかった。EIGER とはいったい何だ？　YUKO MAKI とは、これは日本人なのか、女性か？

YUKO MAKI とは、槇有恒である。槇は慶応義塾在学中の１９１４年、日本山岳会に入会すると、翌年には慶応義塾山岳会を結成。卒業後は、コロンビア大学に留学し、その後、ヨーロッパに渡ってアルプスで登山活動に勤しんでいた。

EIGER（アイガー）は、スイスのユングフラウ山群中の峻峰である。標高３９７０メートル、北面には１８００メートルの岩壁がそそり立っている。１８５８年、西山稜からアイルランドのC・バリントンがガイドのアルマーらと初登頂したが、東山稜は4カ国の登山家による数10回におよぶ挑戦をことごとくしりぞけていた。槇は、ガイドのF・アマターらと綿密な協議を重ね、工夫を凝

アイガー東山稜登攀終了後の槇有恒一行。左からブラバンド、槇、アマター、シュトイリ（日本山岳会蔵）

らした新種の用具を調えるなど、周到に準備を進めた。そのうえで、３人のガイドとともに、登攀に臨んだ。

前人未踏の〈険難の登攀〉を決断した槇は、〈在来のものとは趣を異にした〉用具を調える――上端にロープをつける鈎《かぎ》と下端に回転する石突を取りつけた６メートル余の丸太棒、４種のハーケン30本、ハンマー、クサビ、ロープは30メートル２本と60メートル１本。一方で、〈虚榮か、非《あら》ず、野心か、非ず。只無限の前に眞實の命を盡《つく》さんとする努力、之れのみ〉と、27歳の槇は戦《おのの》きつつ自問自答する。

〈極度の緊張と激勞との中に四つの精神と身體とは、渾然として一つの確實な調律の下に登って行く。百五十米突《メートル》同じやうな動作で登った。其間に一回岩壁に擦り附いたまゝ食事を取つた。又各種の鈎を各場合に用ひた。そして此の後に五十米突の間、今迄よりも遥かに急峻な殆ど直立と云つていゝ場所に達した〉。雷鳴と聞いたのは、自分らが落とす岩石片の音だった。〈二百米突を朝の九時から午後の五時迄かゝつて登った。遂に山稜の

傾斜が幾分緩漫になつて来た〉。登頂は午後7時15分前。（引用は槇有恒『山行』から）
槇がアルプスで登山に親しんだのは、1919～21年。そのころヨーロッパの登山界では、新しい登山思想が生じ、アルプスでも活発な挑戦が展開されていた。それは登山をスポーツとして捉え、「より困難な」岩稜や岩壁や条件を求めて自らに緊張を強い、人間の限界に挑む活動であった。従来は、降雪期を避け、もっとも易しいルートを探って、安全、確実に頂上をめざしたり（黄金時代）、別の新ルートを開拓したり（銀の時代）の登山だった。アルピニズムは、「鉄の時代」に進んだのである。槇は、そんな新たなアルピニズムを現地で体得していたのである。
彼は1921年に帰国すると、このアルピニズムの思想と技術と用具を、日本登山界に広く知らしめた。ほどなく、日本の登山界では、「岩と雪の時代」が本格的に展開されるが、その主な担い手は、旧制高校や大学の山岳部員、そのOBだった。
槇は、その後、日本山岳会会長などを歴任し、1956（昭和31）年には、日本人によるマナスル初登頂を隊長として指揮、世界にその名をとどろかせた。

槇が導いた積雪期槍ヶ岳初登頂

1921（大正10）年9月にアルプスでアイガー東山稜初登攀を果たした槇有恒が、その年末に帰ってきた。近代登山の本場から持ち帰ったおみやげは、「アルピニズム」という登山思想と、それを実践するための技術と用具だった。

「登山とは、より困難な登高を求めるスポーツだ。……アルプスやヒマラヤでは、雪線を越える雪と氷の山稜や岩壁を登降する技術がなければ、それは不可能だ」と、槙は説いた。こんな彼の主導によって、日本の山岳界は、学生を中心とする「岩と雪の時代」が本格化する。

翌1922年3月、槙はまず、慶応義塾と学習院の合同隊9名を率いて、残雪の槍ヶ岳をめざした。慶応義塾山岳部は、15年に槙らが設立していた。

いっぽう学習院高等科の輔仁会と称した校友会には、旅行部があった。校友会雑誌に、明治期からの活動報告が詳細に掲載されている。この旅行部を中心にして、学習院では、レルヒ直伝のスキーが盛んだった。大正期、板倉勝宣、松方三郎らがその代表的な名手とされ、慶応義塾山岳部とも親しく交流していた。

レルヒ以後、日本では、無雪期に限られていた登山活動が、季節を問わず行なわれるようになってきた。各地に「スキーで雪山へ」の活動が目立ち始めたのだ。

板倉は学習院から北海道大学に進んで、大雪山の旭岳にスキーで初登頂を記録する（1922年11月）に至るのだが、学習院卒業の19年3月、スキーで槍ヶ岳をめざした。このときは、常念乗越を越えて槍沢に入り、大曲付近まで登って引き返した。21年4月に再登を試み、前回と同ルートをとって、槍の肩から頂上への登高を狙っていた。

槇らは、その板倉ルートをなぞって槍ヶ岳をめざした。穂高の牧（現、安曇野市）〜一ノ沢〜常念小屋〜一ノ俣〜中山峠〜二ノ俣〜槍沢小屋〜坊主岩小屋（播隆窟）〜槍ヶ岳である。槇らは、スキーのほかに、ピッケル、アイゼン、ザイルなどを駆使して、ついに3月30日に登頂を達成、翌日、上高地へ下山した。

槇がアルプスから持ち帰ったのを大きなきっかけとして、登山用具やスタイル、服装などの面でも画期的な変化が起こっていた。足袋《たび》、草鞋《わらじ》や藁沓《わらぐつ》は、鉄鋲を打った革製登山靴へ、脚絆《きゃはん》はストッキングへ、手甲《てっこう》は手袋へ、着茣蓙《きござ》はアノラックへ、信玄袋・提げ鞄はルックザックへ、金剛杖・鳶口《とびぐち》はピッケルへ、鉄樏《かなかんじき》はアイゼンへ、輪樏《わかんじき》はスキーへ、そして菅笠《すげがさ》は登山帽へと、劇的な変化を遂げつつあった。信仰登拝以外、登山は洋装が主流となったのである。

大正期には、氷雪山嶺の登頂に、岩壁登攀を併せて、先端的登山の先鋭化が著しく進んだ。一方、大衆的な活動も画期的な広がりを見せ、登山の二極化が際立っていく。明治期は、裕福な都会の若者たちの独占状態だった登山界に、大きな変化がもたらされた時代である。

●エピソードで読む登山史　慶応・学習院山岳部員が本場登攀技術を習得

槇有恒によるアルピニズム伝導は、「雪」から「岩」に及ぶ。1922（大正11）年8月、彼は、春に槍ヶ岳残雪期初登頂を果たした慶応・学習院の山岳部員とOBを穂高岳・涸沢に集め、岩登り合宿を主宰した。

学生たちは、日本アルプスの代表的な「岩の殿堂」で、本場アルプス流の登攀技術を習得する機会に恵まれた。この場で槇は、岩場におけるザイル操作や登攀方法ばかりでなく、雪渓に対処するピッケルやアイゼンの技術も併せて教えた。これは、わが国で初めて組織的に行なわれた、総合的で本格的な技術指導であった。

学生たちは、ジャンダルムも含めて、各所に登攀ルートを拓《ひら》いた。

槇らが涸沢合宿に用いたのは天然の岩小屋で、前穂高岳に連なる北尾根を正面に望み、10人ほどが寝られる広さだったという。夜、慶応の哲学教授で山岳部部長の鹿子木員信がロウソクの灯で洋書を読む、学習院の板倉勝宣はシューベルト作曲の「魔王」をよく口ずさむ、慶応の大島亮吉はパンツ一丁で陽の当たる岩の上でトカゲを決めこむ（昼寝）、など合宿の様子が山岳部会誌『登高行』に綴られている。この岩小屋は、慶応や学習院ばかりでなく、ほかの大学山岳部などにも愛用されるようになるが、崩壊してしまって今はない。

岩稜を登降する活動は、槇の滞欧中からすでに始まっていた。1920（大正9）年7月、信濃山岳会の土橋荘三らが槍ヶ岳・北鎌尾根を初めて縦走（下降）した。北鎌尾根は、槍ヶ岳から派生する東西南北4本の尾根のうち、もっとも峻険で大きな起伏が続く難ルートである。また、先に述べた涸沢岩登り合宿の直前の22年7月5日、板倉ら学習院の3人が、東側の天上沢からこの北鎌尾根に取り付き、槍ヶ岳頂上まで登ってきた。どちらも、東鎌尾根の登山道を拓いた小林喜作が案内した。

板倉らが登ったのと全く同じ日、早稲田の舟田三郎らが、案内人なしで槍ヶ岳山頂から北鎌尾根の2907メートル峰まで降り、頂上まで登り返した。さらに舟田らは、1924（大正13）年1月には、槍ヶ岳に厳冬期初登頂を達成した。

喜作の案内を受けた板倉らの北鎌尾根を「案内人なし」で、また、槇らの「残雪期」に対して「厳冬期」に——まさに「より困難な」登高の実践である。こうして、学生、OBが主役に躍り出て、アルピニズムを掲げる登山活動が熱を帯び、競い合ってますますハードになっていく。

そして、それゆえにこそ、より安全・確実で、負荷の少ない登山をめざす人衆とのギャップは拡大する。これを、登山の二極化という。大正期以降の登山状況を、「岩と雪の時代」と一括してしまうのは、必ずしも的確ではないのだ。複眼で見なければならない。

12　積雪期初登頂とクライミング

スキーと一体だった雪山登山

レルヒ門下の将校たちは、各地で精力的に講習会を開催、スキー普及に尽くす。高田から飯山を経て野沢温泉へ、学習院から慶応や京大へ、旭川の受講者による札幌・月寒での講習会から北大スキー部設立へ——太い流れから各地へ支流が通じ、日本スキー倶楽部に連なる組織も生じた。スキーは、山岳登高・滑降具として伝播する。リフトがない時代、滑降するには自力で登るしかない。スキーヤーは、シュテム・ボーゲン程度の技術を習うとすぐ、山岳を目指した。スキーと雪山登山は一体だった。

無雪期を主としていた登山活動は四季を問わなくなり、登降ルートは多種多様、登山家は競って「より困難な」登高を探る。日本登山界は「岩と雪」を目指し、スポーツ的緊張と興奮に浸る新しいアルピニズムの時代に入った。その〈雪よ岩よ〉を謳歌した主役は学生たちだったが、「雪山讃歌」を奏でた一部の社会人の活動も見逃せない。

スキーが生んだ積雪期の登頂

「スキーで雪山へ」の活動は、まずレルヒ門下生による厳冬の富士挑戦。大尉・鶴見宜信ら6名が1913（大正2）年1月1日、吉田口から八合目付近までスキーで登り、鉄標《ふなかんじき》で頂上稜線直下まで至って御殿場に下る。これに参加した金井勝三郎が14年1月4日、信越スキー倶楽部の7名を率いて同コースを登るが、八合目で高田の小学校教師が滑落死。その直前、北大スキー部の角倉邦彦ら3名と12年1月に登頂した水島長次郎が、御殿場口馬返しからスキー、一合八勺から鉄標・鳶口で登り、六合五勺の小屋に泊まって1月1日に登頂。

スキー登山は北アルプスにも急速に拡大する。1918（大正7）年1月、関西スキー倶楽部の田中喜作衛門ら3人が徳本峠《とくごう》越えで上高地に入り、初めて中尾峠を越え飛騨・蒲田へ抜けた。翌19年3月、学習院の板倉勝宣が常念乗越を越え槍沢に入る。

白馬岳は、1920（大正9）年3月に慶応の大島亮吉らが杓子尾根から試登、翌21年4月2日、富山師範学校教諭・内山数雄、関山スキー倶楽部・笹川速雄が蓮華温泉からスキー初登頂、大雪渓を滑降。この21年1月に京大の松方三郎らが中房から燕岳にスキーで厳冬期初登頂、5月には早稲田の舟田三郎らがスキーで燕〜槍の残雪期初縦走。4月に北大の板倉が再び槍沢入りして槍ヶ岳試登、翌22年3月に槙有恒らが槍登頂。直後の4月上旬、慶応の三田幸夫らがスキーで立山と剱岳に登頂。23（大正12）年1月、槙・三田・板倉が立山で遭難、松尾峠で板倉凍死の悲劇に遭うが、翌24年1月、舟田らが槍ヶ岳厳冬期初登頂。

北アルプス以外の山域にもスキー登山が及ぶ。1922（大正11）年1月、北大の板倉・加納一郎らがユコマンベツから大雪山・旭岳に厳冬期スキー初登頂。25（大正14）年3月、三高の西堀栄三郎・桑原武夫らがスキーを用いて仙丈ヶ岳、北岳に積雪期初登頂。

●エピソードで読む登山史　最先鋭アルピニスト、雪の松尾峠で遭難

1923（大正12）年1月、3人の登山家、槙有恒（29歳）、板倉勝宣（26歳）、三田幸夫（23歳）がスキーで立山をめざした。彼らは当時の登山界にあって、「岩と雪の時代」を担うトップクラスのアルピニストだった。

槙らは1月9日から13日まで、立山温泉でスキーのトレーニングを重ねつつ、好天を待った。立山西麓の芦峅寺から常願寺川を遡って湯川谷に入り、立山温泉を経てザラ峠〜黒部平〜針ノ木峠に至るルートは、古くから越中と信濃を結んでいた。現在では廃道となったが、この立山温泉から松尾峠を越えて弥陀ヶ原を経由し、立山に登るルートは、当時人気があった。

14日、槙らは、強い風と日差しを受けながらも、芦峅寺の山案内人・佐伯平蔵ら10名および映

画撮影隊2名とともに松尾峠に登った。東側の鞍部を露営地として準備を調え、毛皮製の寝袋に潜り込む。

15日、曇天と風のなかを室堂へ向けて出発。天狗平を過ぎて、室堂の屋根が見える地点で昼食をとる。雪が降り始め、天候悪化の兆しがあったため、案内人らを全員帰し、3人だけで一ノ越へスキーで進んだ。しかし、風が強まると雪面が硬化し行動が難渋、登高を断念して引き返す決断をする。午後2時天狗平に近い地点まで来ると、みぞれ混じりの強風に襲われて、3人は将棋倒しになった。

これが、3日3晩におよぶ「死の彷徨」の始まりだった。3人はザイルを結び合って横隊に並び、風を背で受けながら横歩きに進み、前夜の露営地をめざした。

北西からの季節風は、シベリアの寒気と日本海の水蒸気を吸い込んで立山に吹きつける。弥陀ヶ原から天狗平、さらに室堂平へ東西に連なる高原は、まさにその強風の通り道だった。吹雪は絶えず吼え続け、水分をはらんだ雪が、猛烈に降り積もった。これが北陸の冬山である。

吹雪がやまぬなか、槙らは、露営地も、松尾峠への下り口も見つけられずに通り過ぎ、戻ってはまた、通り過ぎた。2晩の露営を重ねて、ようやく峠へのルートを見つけたときには、すでに板倉は疲労の極に達していた。板倉を槙に託し、三田は救援を求めて先行。だがその夜、板倉は槙に抱かれて、息を引き取った。

明17日朝、遺体の目印にピッケルとスキーを立て、槙も下りを開始した。途中で、「幻を見た」とうわ言をいう三田を見つけ、やっとのことで立山温泉にたどり着いたふたりは、一命をとりとめた。

これが世にいう「松尾峠の遭難」である。当時トップレベルの登山家だった彼らが、なお抗し得ぬ自然の猛威を教えて90年余、今も決して色あせぬ、雪山の教訓がここにある。

壮大な雪山踏破と記録映画の製作

1923（大正12）年の年明け早々、長野県・大町の旅館・對山館《たいざんかん》が、後立山連峰を正面に望む東山乗越で、1週間におよぶスキー講習会を開催した。

旅館の主・百瀬慎太郎と、受講者の伊藤孝一、赤沼千尋《あかぬまちひろ》の3人が、夜ごと炬燵談義を重ねるうち、「破天荒な」雪山登山計画にたどり着いた。それは、厳冬期に針ノ木峠を越え、黒部川を渡って立山に登る。さらに黒部川源流域を探って薬師岳から槍ヶ岳へ縦走し、それらの行動を映画に記録する、というものだった。

伊藤は、尾張藩御用を務めた名古屋の豪商を受け継ぐ7代目当主で、莫大な資産を有していた。自動車旅行をはじめ、古典の稀覯本や絵画蒐集など趣味多彩で、登山も大好きだった。特に針ノ木峠や黒部川源流域を好んで、その登山活動の多くを百瀬に支えられて楽しんでいた。当時31歳。

百瀬は、伊藤と同い年。旧制大町中学（現、長野県立大町高校）時代から登山に親しみ、針ノ木峠～八峰キレット初縦走（１９１３年）などを果たしていた。家業を継ぐと、17年に登山案内人組合を設立、後立山連峰登山の拠点として充実させた。また、若山牧水門下の歌人でもあり、多くの文人らと交流していた。

赤沼は、有明村（現、安曇野市）出身。生家は大地主で、生糸工場などを営んでいた。１９１０年、14歳で初めて燕岳に登頂して感動。以来、夢に描いた燕ノ小屋（現、燕山荘）を21年に開業する。書画を好む家風を継いで、百瀬と篤く親交を結び、18年、百瀬に倣って有明村に山案内人組合を設立した。

さて、伊藤らの計画が画期的だったのは、雪山登山の多くが一峰登頂をめざしていた当時、あえて長大な縦走に挑戦した点にある。しかも厳冬期に、山小屋などほとんどない山域へ、である。登降技術や用具、宿泊、食料運搬など、ただでさえ難問が山積するなかで、さらに映画の撮影まで試みようというのである。

計画の達成には、２シーズンを要した。まず１９２３年2月、針ノ木峠～黒部の平～立山への縦走を試みるも、猛吹雪に遭う。排煙不良の大沢石室に7日間も閉じ込められ、いったんは撤退。あらためて立山温泉から黒部の平～針ノ木をめざし、３月末、ようやく峠から大町に到達した。

槍ヶ岳山頂の伊藤隊。前に赤沼千尋、中列中央が伊藤孝一。百瀬慎太郎撮影と考えられる（伊藤都留子提供）

伊藤の情熱はこれにとどまらず、同年12月、今度は黒部川源流域から薬師岳を経て、槍ヶ岳への縦走を5カ月かけて断続的に敢行する。この山行で、芦峅寺集落挙げての支援を受け、真川、上ノ岳、黒部乗越、薬師沢に、それぞれ山小屋を建てた。上ノ岳と薬師岳は、厳冬期初登頂の快挙でもあった。こんな「破天荒な」伊藤の縦走を、百瀬と赤沼はサポートし続けた。

伊藤にとって山小屋は、登山活動の拠点で、雨、風、雪に強く快適で、おいしい食事や安息を得る場だった。つまり、投資ではなく必要経費だったのだ。彼の映画は、私家版の域を出なかったが、最新鋭の機器を揃え、専門の撮影技師を雇う徹底ぶり。投じた金は、現在の20億円に相当するという。桁はずれの大金を投じ、徹底的に山登りを楽しんだ伊藤である。

藤木九三らがロック・クライミングクラブを設立

1924（大正13）年6月、神戸に岩登りと雪山を専門とする社会人山岳団体が生まれた。その名はロック・クライミング・クラブ、略称をＲＣＣという。

国際都市・神戸は、背後に六甲山地を背負っている。海岸線から5キロ足らず、南北約6キロの幅で、東西に約30キロ、花崗岩の山地が連なっている。最高峰は、９３１メートルの六甲山。北側山麓には、古くから知られる有馬温泉がある。この山地を舞台に、明治期以降、内外の人々の交流やさまざまな活動が重なり、神戸は独自の近代登山史を紡いできた。

１９００年代初め（明治30年代）、神戸の在留外国人たちは、自然豊かに連なる六甲山地を自らのレジャーのために開拓し始める。ハイキングやゴルフを楽しみ、冬はスキーを滑らせる。その中心メンバーが、07年マウンテン・ゴーツ・オブ・コウベ（ＭＧＫ）を設立し、活動の場を六甲から北アルプスなどへ広げると同時に、日本人との交流も深めていった。

こうした活動に刺激された日本の登山愛好者たちが、１９１０（明治43）年、神戸草鞋《わらじ》会（後に神戸徒歩会＝ＫＷＳと改称）を設立した。塚本永堯らが中心となり、毎月１～２回、六甲山中を山歩きする活動を30年近く継続。ＲＣＣは、このＫＷＳの活動から生まれた。

ＫＷＳには、ＭＧＫの外国人も加わっていた。先述の通り、彼らのなかには、六甲で岩登りや冬季の雪山登山を楽しむ者も多く、これに倣う日本人会員が現われた。藤木九三、榎谷徹蔵、直木重一郎、水野祥太郎、草間貫吉、西岡一雄らである。

藤木らは、外国人のヒュッテに備えつけられたロープなどの用具を借り出しては、トレーニングに精を出した。いっぽう、技術書を入手して実技の習得にも努めた。そして、ヨーロッパ・アルプスの登攀活動で先頭に立つのは、イングランド北西部の湖水地方で登攀技術を磨いたクライマーが中心だ、という事実を知るようになる。藤木らは「岩登りこそ登山技術の根幹をなすものだ」との信念を強固にし、「垂直に登降」し、「雪山に挑戦する」活動にのめり込んでいった。

こうしてRCCは、アルピニズムの活動を担うべく、関西の社会人登山家を集めて設立された。まず、六甲東部の荒地山の岩壁を「ロックガーデン」と命名。ここを主要なゲレンデ（練習場）として、技術の習熟や指導に励んだ。また、1925年には、会員の協力により技術書『岩登り術』を刊行。登攀用具は、会員の西岡が経営する運動具店「マリヤ」（鞠屋、つまりボールなどを商う運動具店の意。後に好日山荘と改名）が輸入した。ここでは、マニラ麻を使ったオーストリア製やイギリス製のロープをはじめ、アイゼンやピッケルなど、当時の最高級品が居ながらにして入手できたのである。

●エピソードで読む登山史　北穂・滝谷を2パーティが同時に初登攀

1925（大正14）年8月13日、好天に恵まれて、RCC（ロック・クライミング・クラブ）の藤木九三と、早稲田大学山岳部の小島六郎、四谷《よつや》龍胤《りようすけ》が、北穂高岳・滝谷を初めて登攀した。

ふたつのパーティは偶然にも同じ日、同じ岩場に、同じ地点から取り付いたが、それぞれ別ルートをとって稜線まで登り切ったため、双方「初登攀」とされている。

穂高連峰の山相は、梓川から望む信州（長野県）側と、蒲田川右俣谷から望む飛騨（岐阜県）側では、まったく対照的である。信州側は開けて明るいが、飛騨側は黒味を帯びた峭壁が連なり、威圧的で、時に暗欝な印象さえ与える。

蒲田川を遡ると新穂高温泉で左右に分岐するが、その右俣谷は、穂高連峰の飛騨側に流れ落ちる降水をすべて集めている。西穂高〜奥穂高の間からは小鍋谷と柳谷が、奥穂高〜涸沢岳の間からは白出沢《しらだし》が、涸沢岳〜北穂高の間からは滝谷が、それぞれ右俣谷に流れ込んでいる。

RCCは神戸で設立された社会人登山団体で、岩登りと雪山を専門にしていた。藤木はその中心メンバーで、この登攀では、上宝村栃尾（現、高山市）の山案内人・松井憲三とザイルを結んだ。いっぽう、早大山岳部は1920年の創部。先発の学習院や慶応義塾に激しい対抗心を抱いて、果敢な登山活動を重ねてきた。小島、四谷の早稲田パーティは、上宝村蒲田の山案内人・今《い》田由勝《ま だよしかつ》、向本清丸との4人だった。

藤木パーティは、滝谷と右俣谷の出合にテントを張り、前日に試登して登攀ルートを見定めた。第1の滝（雄滝）は左側を攀じ、第2の滝（雌滝）では流れを横断して登り切る。ここで藤木は、鉄鋲を打った登山靴を松井と同じ草鞋に履き替え、第3の滝（滑り滝）を突破した。傾斜が緩くなった地点には、稜線近くから発した5本の沢が合流していた。左側からABCDEと命名して、A沢にルートをとった。北穂高〜南岳間の大キレットに達すると、南岳へ登って槍平へ降り、朝出発したテントへ、午後3時半に帰着した。

いっぽう小島・四谷パーティは、槍平小屋を朝7時に出発。藤木パーティから約1時間遅れで、第1の滝の右側を攀じる。第2の滝では、流水をかぶって、ずぶ濡れになりながらもザイルを結び合って登り抜け、第3の滝を経て、D沢にルートをとった。今田・向本は草鞋だったが、小島と四谷は登山靴で登攀した。午後3時半、北穂高〜涸沢岳間の鞍部に達すると、白出のコルに新設された穂高小屋に泊まり、翌日下山した。

アルピニズムは「より高く、より困難な」登高をめざす。日本の登山界をリードする彼らの活動は、「岩と雪」にこだわり、ますますハードになっていく。

憧れのロッキーへ、アルプスへ

1925（大正14）年、日本最初の組織的な海外遠征——隊長・槇有恒ら慶応・学習院OB6名が、スイス人ガイド3名とカナディアン・ロッキーのアルバータ（3619メートル）を目指し、7月21日、風化した岩壁で苦闘16時間の末、初登頂に成功した。

大正末期〜昭和初期、日本人登山家がアルプスで充実した登攀を重ねる。1927（昭和2）年8月、松方三郎と浦松佐美太郎は、槙がアイガー東山稜下部に残したヘルンリ尾根を登攀、日本人による東山稜完登を達成した。各務良幸《かがみよしゆき》はアルプス登攀活動9年目の29年9月、モン・ブラン山群モン・モディ東南壁にカガミ・ルートを拓く。麻生武治、鹿子木員信、日高信六郎、藤木九三らも個別またはパーティでベルニナ山群最高峰ピッツ・ベルニナ、厳冬のブライトホルン、モンテ・ローザ、ユングフラウやドフィネの岩峰などを登る。

これらに先立ち、大正期には小島烏水がアメリカで、カスケード山脈南部に位置するマウント・シャスタ登頂後。マウント・レーニアの氷河を見物し、マウント・ベイカーに登頂している。

●エピソードで読む登山史　日本初の海外登山隊、アルバータに初登頂

1925（大正14）年、わが国最初の海外登山隊が登場する。隊長は、槙有恒。隊員は、橋本静一、早川種三、三田幸夫、岡部長量、波多野正信の6名、いずれも慶応あるいは学習院の山岳部OBで、全員が日本山岳会会員だった。

彼らが目標としたのは、カナディアン・ロッキーのマウント・アルバータ（3619メートル）。カナダ南西部アルバータ州、カナディアン・ロッキー中6番目の高峰だが、富士山より低

い。しかし、崩れやすい岩壁と落石の危険から挑戦者が少なく、当時、この1峰だけが未踏だった。階段ピラミッドにも似た山容が特徴で、四方は直立の断崖に固まれている。

アルバータは、周辺からの地形測量を終えてはいたものの、詳細な地図はまだ刊行されておらず、イギリス山岳会会誌の付録地図に頼らざるをえなかった。

マウント・アルバータ東面（長野高校OB会撮影／三田幸夫『わが登高行』より）

登山隊は、まず鉄道の終点・ジャスパーで準備を調えた。スイス人山案内人2名のほか、コック2名、馬方4名を雇い入れて、14名パーティとした。全員が馬に跨り、24頭の馬とキャラバンを組んで入山を果たすと、1週間後に、アルバータ南麓の川畔にベースキャンプを設営した。

いよいよ登路を決めねばならない。キャラバン途上の遠望から、北面と西面は観察済みのため、東面と南面に登路を探った。結果、東面岩壁に頂稜から連なる尾根を発見、これを利用することとした。

7月20日、高原状の2000メートル地点で幕営し、翌21日午前3時半に出発、頂上をめざした。1時間後、発見した尾根に取り付く。好天だった。標高差約900メートルにおよぶ3

段の岩壁登攀にかかったが、垂直を超えるオーバー・ハングが2カ所もあったため想定以上に時間を要した。槙は書いている。〈指先の皮膚は岩のためにむけ、頭や手は小さな落石を避けきれず擦傷を受け、休憩できる岩棚もなく、ひたすら登りに登り続けて午後4時半、ついに頂稜に立った〉。彼らは、なおも起伏の激しい頂上稜線を進んで、19時30分、ついに初登頂を果たす。頂上でビバークし、翌日、登路をたどってベースキャンプに帰着した。

この初登頂には、後日談がある。太平洋戦争後の1948年、実に23年の空白を置いて、アメリカ人のJ・オバーリンとF・エアーズが、アルバータ第2登を果たした。2人はそこで、槙たちが登頂の証拠として、小石をケルン状に集めて立てたピッケルと、登頂者の氏名を記した紙片入りの空缶を発見。大切に持ち帰った。これらは現在、アメリカ山岳会本部（ニューヨーク）からジャスパーのイエローヘッド博物館に移され展示されている。

マウント・アルバータ頂上にて（岡部長量撮影／三田幸夫『わが登高行』より）

13　大正登山ブーム

登山ブームを生んだ社会的背景

1912年から26年までの大正期、日本の登山状況は大きな転換期を迎えるに至る。

この時期、日本登山界は「探検の時代」から「岩と雪」を目指す新しい時代へ進む。スポーツ的登山（アルピニズム）志向のこの活動は、学生・OBを主役に、大正期半ば過ぎから顕著になる。こうしてエリート登山家が新しい時代を拓く一方で、そのレベルには遠く及ばないものの、登山を愛好する人びとの活動が、社会現象ともいえる規模で拡がりを見せる。「登山の大衆化」の始まりで、これも大正期登山状況の特徴のひとつである。

日露戦争後から男子普通選挙法成立までの約20年、護憲・普選の要求をはじめ、広い分野で民主主義志向の民衆運動が続き、「大正デモクラシー」といわれる。それは、第一次世界大戦前後、辛亥革命の三民主義、ロシア革命の社会主義など、鮮烈なイデオロギーが世界を駆けた時代だ。日本では米騒動が起き、労働争議が多発し、大震災もあった。25年、治安維持法公布に至るが、大正期を通じて、広範な民衆による多様な活動が高揚し、日本社会は一種「リベラル」な空気を醸し出す。アルピニズムの開花も登山の大衆化状況も、その空気のなかで生まれ昭和初期へ引継がれていく。

〈浅ましい日常生活〉の慰安に、山へ

1914（大正3）～18年の第一次世界大戦で、日本は連合国側に立った。ドイツ領青島《チンタオ》を攻撃・占領した程度で戦勝国となったばかりか、貿易額を3倍にも増やす「漁夫の利」を得、戦後設立の国際連盟で常任理事国のポストをも占めた。

明治期後半の産業革命を経て近代化が進む日本の産業構造は急転換を遂げ、第2次・第3次産業の就業人口が大幅に増大した。それは、自然を離れた生産現場に立ち、しかも労働（生産）と生活（消費）の場が分離した日々を営む人びとの増加を意味する。一定時間の労働によって衣食住は保障されるものの、自然から疎外された近代的市民生活を余儀なくされる人びと。彼らの余暇・休日が、山岳趣味あるいは登山活動に充当される可能性は、大正期、かつてないほど膨れ上がる。

現に「霧の旅會設立趣意書」（1919年）で松井幹雄は、こう呼びかけた——〈終日齒車《はぐるま》のうめき聲《ごえ》や、往来を歩いても自動車のタイヤの方向を見たり、電車の飛乗りに腐心してゐるやうな寸分隙《すき》のない浅《あさ》ましい日常生活、其處《そこ》には必ず或《あ》る慰安を見出さなければならない。（略）吾人が山を愛する所以《ゆえん》は其處にある。此處《ここ》にある。（略）山は蒼穹《そうきゆう》の懐の中に静かに眠つて居る。（略）一歩足を郊外に移して都を望んで見給へ。如何《いか》に烟《けむり》の中に包まれた集團《しゆうだん》であるかが合點《がてん》行くであらう。深山幽谷の話を聞く時——聞いた丈《だ》けでも邪念は起るまい。雲を抜く山の頂に立つて四方を睥睨《へいげい》し

たとき、凡《およ》そ眼のあいてゐる人類は何と叫ぶであらう（略）又清流に臨み、質朴な山の湯を浴《ゆあ》みたとき（略）〉。

登山へ、山旅へ誘う多彩な文筆

この時代、情報伝達の主役は活字メディアだが、日本山岳会「山岳」（1906年創刊）、慶應義塾山岳部「登高行」（19年創刊）、早稲田大学山岳部「リュックサック」（23年創刊）など、会誌の配布先は限られていた。一般向け山岳雑誌は未刊で、登山経験者による紀行やガイドブックが頼りにされた。

明治末期から大正期、「探検」の担い手による刊本は高頭式『日本山嶽志』、小島烏水『山水無盡蔵』『日本アルプス』全4巻、日本山岳会編の写真集『高山深谷』8集などだが、志村烏嶺『やま』（前田曙山と共著）、『千山萬岳』、矢沢米三郎・河野齢蔵『日本アルプス登山案内』、平賀文男『日本南アルプスと甲斐の山旅』などが実用性を具えていた。

だがこの時期、これらに勝る影響力をもちえたのは、登山愛好の文筆家らによる山岳紀行だ——古くは富山日報記者・大井冷光『立山案内』。歌人・窪田空穂『日本アルプスへ』、牧師・別所梅之助『霧の王国へ』、理学博士・一戸直蔵、評論家・長谷川如是閑、俳人・河東碧梧桐トリオの『日本アルプス縦斷記』、田部重治『日本アルプスと秩父巡禮』、毎日新聞記者・北尾鐐之助『山岳巡禮』、作家・村井弦斎『木曽の神秘境』、大阪朝日新聞社編『日本アルプス百景』、詩人・富田砕花『登高行』など多彩。そして静観派の源流を成す河田楨『一日二日山の旅』。小泉秀雄『大雪山』をはじめ、吉野群峰、大台ヶ原、四国アルプスなど地域山岳のガイドや紀行も多く、山旅に親しんだ大町桂月、若山牧水らも新聞・雑誌に健筆を振るう。

いわゆるガイドブックが大量に出版され、シリーズ化の傾向を見せ始めるのも、この大正期だ。詳細な行程や景観を述べて写真・挿画・概念図・コースタイム・交通案内・宿泊施設・山案内人・費用・地図を付し、現今に続くスタイルの原型を成す。

交通機関と受入れ態勢の拡充

大正期に見られた山岳情報やガイドブックの流布は、鉄道・バスなど交通機関の発達と、登山道の整備・開削、山小屋開業、山案内人の充実など現地受入れ態勢の拡充と相俟っていた。これらの相乗的効果が登山者を誘い、登山者の増加がまた、交通機関や受入れ態勢を進展させたのである。

また1913（大正2）年夏、陸地測量部による5万分1地形図のうち、南・北アルプスにかかわる図幅のほとんどすべてが相次いで刊行され、登山者に大きな福音をもたらしていた事情もある。16（大正5）年、東京大林区署（営林署）が上高地～槍ヶ岳、燕岳～槍ヶ岳の登山道を整備・開削。そのルートを東久邇宮《ひがしくにのみや》ら皇族が登降、新聞が大きく報じて世人の関心を呼ぶ。男女の学校集団登山も大正期には急増。15年の焼岳噴火で大正池が出現した上高地を、観光地化する動きも加わって、登山や山旅は、人々にとって急速に身近になる。

●エピソードで読む登山史　白馬岳山頂に本邦初の営業山小屋が開業

近代登山の黎明期に活躍した登山者が利用した山小屋は、小屋とは名ばかりで、樵や猟師、釣り人、あるいは測量隊が建てた仮小屋か、信仰登山者のための小屋、石室などがほとんどだった。ところが、１９０７（明治40）年、白馬岳山頂に登山者を客とする営業山小屋が開業した。本邦初の山小屋経営者は、松沢貞逸《まつざわていいつ》。白馬岳の南東麓、糸魚川街道に沿う北城村四ツ谷（現、白馬村）で山木旅館を営む二代目当主で、2年前、山小屋開業を決意して手続きを始めた時は、弱冠16歳であった。

白馬岳には、加賀藩奥山廻役などが登ってはいたが、記録に残る明治期初の登頂は１８８３（明治16）年、当時の北安曇郡長・窪田畔夫《くぼたくろお》、仁科学校（大町）訓導・渡辺敏《わたなべはやし》らによる。彼らは大雪渓を登り、頂上に近い〈測量方ノ小屋〉で昼食をとっている。内務省地理局の測量の際（年代不詳）の小屋で、現在の村営頂上宿舎付近である。

次いで、前穂高岳と同じ１８９３（明治26）年、陸地測量部の測量師・館潔彦による白馬岳一等三角点の選点が続く。そのために頂上の南側600メートル、湧水のある場所に建てた石積み小屋2棟の使用許可を貞逸が取得し、これが現在の白馬山荘の起源となっている。

この時期の登山者の足跡を追ってみると、1894年にウェストンが白馬岳（大蓮華）へ、95年には富山の小杉復堂が白馬鑓ヶ岳へ、そして98年には大町小学校長・河野齢蔵ら3人が、例の石積み小屋に泊まって高山植物採集に勤しんでいる。

1901年には長野師範学校教諭・矢沢米三郎、02年には山草会の城数馬（後の日本山岳会設立発起人）や、地質学者の山崎直方、03年には長野中学校教諭・志村烏嶺らが白馬岳へ。05年には日本博物学同志会の武田久吉と河田黙（ともに日本山岳会設立発起人）が石積み小屋を補修、12日間滞在して植物採集をしている。

白馬岳早期登頂者リストには、1900年、11歳の時と伝わる貞逸の名も加えねばなるまい。山木旅館を開業

明治末期の白馬頂上小屋（白馬館提供）

（1890年ごろ）した父が急逝、家督を継いで3年目のことである。詳細は不明だが、貞逸はこの時、例の石積み小屋に泊まっており、大雪渓の登降や高山植物の群落、頂上の大展望などが、貞逸少年に鮮烈な印象を与えたことだろう。

その感動を糧として、「山木の若は狂った」と言われながらも山小屋開業を決断、旅館営業とともに山案内人の斡旋もセットにした新しいビジネスを誕生させた。白馬岳一帯を登山とスキーのフィールドとして開発し、自らの山小屋のネットワークをフル活用していく、貞逸の壮大な事業計画の始動であった。

大町に山案内人組合が発足する

山案内人とは、登山者の求めに応じて安全・確実に登降を導き、報酬を得る者をいう。1917（大正6）年、その山案内人の組合が長野県・大町に設立された。組合は、旅館・對山館の主で登山家の百瀬慎太郎の唱導により発足。以後、各地に同様の組合設立が相次いだ。

明治期～大正期、山の事情に詳しい案内人と荷物を運ぶ「人夫」を雇わなければ、登山はできなかった。山に登ろうにも頼りになる地図はなく、登山ルートの詳細も不明、宿泊施設もなかったからだ。

北アルプス（飛驒山脈）や南アルプス（赤石山脈）に関する陸地測量部（現、国土地理院）の5万分1地形図の発行は、1913（大正2）年。このころ、上高地の宿は温泉場だけで、山中の営業山小屋も白馬小屋1軒のみ。利用できる杣小屋や猟小屋、釣り小屋は各地にあったものの、そのほとんどは地元の人間しか知らなかった。開発がもっとも早く進んだ北アルプスでさえ、白馬岳周辺や槍ヶ岳、燕岳、常念岳、穂高岳などに山小屋がそろうのは、大正後期以降である。登山をしようとする者は、まず、こんな状況に向き合わなければならなかったのである。

では、登山口の山村はどうだったのだろうか。江戸時代、信仰の山では、先達や東道、中語が信徒の登拝を導き、強力《ごうりき》や歩荷《ぼっか》が荷物、食料を運んだ。しかし、明治期以後、山岳を対象にした科学的調査や測量が各地で行なわれるようになり、また、信仰と無関係の内外の登山者が来訪するようになった。それまで外来者が来ることもなかった山村は、これらの人々に対応しなければならなくなった。これは、村人たちにとって、まったく新しい事態であった。

多くの場合、山案内人や「人夫」の仕事は、戸長（村長）や宿屋が斡旋した。仕事の担い手は、農耕・炭焼き・伐採などの農林業、あるいは狩りや釣りを生業とする地元民である。彼らは、だんだんと現金収入のある臨時の労務＝山案内に就くようになっていった。

この時代の登山は、このように人を雇う経済力も不可欠だったし、交通機関の未発達ゆえ、多くの日数を要した。なるほど、登山は、経済的負担の大きい、実に贅沢な遊びだったということがわかる。それでも大正期には、「探検の時代」に先輩たちが拓いたルートへ、多くの登山者が足を運んで、登山の大衆化が大いに進んだ。

登山者は、案内人に、まず山中の案内と山岳情報の提供を依頼する。加えて食糧、衣食、寝具、炊事用具など荷物の運搬や宿泊所の設営（天幕、小屋掛け）、炊事など、寝食の世話を頼った。さらに、登降の技術や身のこなし、地形や天候に関する知識・判断・対応に至るまでさまざまな教えを乞うた。登山者たちは、案内人たちが具える山暮らしの知恵に驚き、感服させられることもしばしばだった。それでも両者間には、生活体験や経済感覚の相違などから、度々トラブルが生じたという。

百瀬慎太郎は、そんなトラブルを解消し、両者の円満な関係を構築するために山案内人組合を設立。山案内人の資質と技術の向上を図って、提供労務と適正な賃金を規約に明記したのである。

山小屋の開業相次ぐ

登山者のための山小屋が初めて営業を開始したのは白馬岳で、1907（明治40）年だった。10年ほどたった大正期半ばごろからは、北アルプスをはじめ、各山域でも山小屋の開業が相次いだ。

白馬岳に続いたのは、北アルプス南部の槍ヶ岳である。1917（大正6）年、穂苅三寿雄《ほかりみすお》らがババ（馬場）の平に「アルプス旅館（現、槍沢ロッヂ）」を開業したのが皮切りとなった。この小屋は再三雪崩に遭い、後年、現在地に移った。穂苅はまた21年、赤沼千尋と槍沢源頭に「大槍小屋（現、大槍ヒュッテ）」も開設した。さらに26年には、「槍ヶ岳肩ノ小屋（現、槍ヶ岳山荘）」を完成。ほかにも槍ヶ岳には、22年、小林喜作が「殺生小屋（現、殺生ヒュッテ）」を開いた。

赤沼は、大槍小屋開業の年、燕岳頂上直下に燕ノ小屋（現、燕山荘）を開業する。それに先立って1917年には、信濃山岳会、南安曇教育会、有明口登山案内者組合などが東天井岳に二俣小屋を、19年には常念乗越に山田利一らが「常念坊（現、常念小屋）」を開く。穂高岳では、24年に今田重太郎が白出のコルに「穂高小屋（現、穂高岳山荘）」を開業した。

こうして、北アルプス南部の縦走ルート上の要所に山小屋が出揃い、小林喜作による東鎌尾根ルートの開削（1920年）もあって、登山者の登高を強く誘いかけた。

北アルプスの北部、営業小屋の元祖・白馬岳では、陸地測量部の石室を改修しただけだった頂上小屋を、松沢貞逸が本格的に増改築した（1915年）。さらに白馬尻（16年）、白馬大池（23年）、猿倉（24年）にも新築の小屋を建てた。これに現在の村営頂上宿舎が加わり、この山域でも、山小屋同士の競争が激化した。

立山・剱岳方面では、槇有恒らの遭難（1923年1月）を機に、富山県電気局などが山小屋開設を唱導し、「五色小屋」（23年）、「剱沢小屋」（24年）などが開業した。

このほか南アルプス、八ヶ岳、奥秩父でも、山梨県、長野県、秩父営林署などが、営林目的だけでなく、登山者の利用も可能な山小屋を山中の各地に建てた。また尾瀬では、平野長蔵が燧ヶ岳登拝を目的に、尾瀬沼の沼尻に建てた小屋を東岸に移し（1915年）、登山者に供した。

このような山小屋開設だけにとどまらず、大正期には、登山に関わる様ざまな分野で、登山者に利便をもたらす手立てが講じられた。鉄道やバスなど交通機関の開業や延伸、登山道の開削や整備、山案内人組合の設立、また陸地測量部の5万分1地形図の発行や山岳書・ガイドブックなど情報の充実も一気に進んだ。

大正期、日本では産業構造が大変動し、農村から都市へ人々が集中して、大衆社会が形成され始める。登山界はその大衆を広く迎え入れ、登山ビジネスを確立しつつ、かつてない右肩上がりの活況を呈していく。それは昭和初期へ続いた。

●エピソードで読む登山史　小林喜作が東鎌尾根に新道を拓く

北アルプスの標高3000メートルにも達しようとする山に「銀座」と呼ばれる縦走路がある。安全で確実な上、登山の醍醐味を堪能できる保証付きのルート。「表銀座」と「裏銀座」、ふたつの「銀座ルート」が知られている。

「表銀座」は、中房温泉から燕岳に登り、南へ稜線をたどって大天井岳、西岳を経て、東鎌尾根から槍ヶ岳山頂に至るルート。登山者に人気の展望抜群のこのルート「喜作新道」を切り拓いたのが、小林喜作である。

「新道」というのだから、以前は旧道があった。それは、大正初期に営林署が調えたルートで、大天井岳（または常念岳）から梓川（槍沢）へ下り、これを遡って槍ヶ岳頂上へ向かう。中房温泉からだと、通常4～5日を要した。これを、稜線通しのルートに改めたのが「喜作新道」で、1920（大正9）年秋には出来あがったようだ。峻険な岩稜の登り降りが連続するものの、1～2日で槍ヶ岳の山頂にたどり着ける、画期的なルートである。

喜作は、穂高の牧（現、安曇野市）で生まれ育った名猟師・山案内人だった。当時の山村には稀な金銭感覚の持ち主だったから、周囲の人間とは馴染まず、独自のやり方で山暮らしを営んでいた。生業の狩猟ではクマを撃たず、カモシカ猟に徹した。当時、猟師はクマを仕留めたら、村人たちを招いて祝宴を催す慣行があった。祝宴の出費を惜しんだ喜作は、それゆえクマを狙わなかったという。また彼は、山中の要所に「殺生小屋」を設け、高価なカモシカの毛皮をむいて、生計の足しにした。肉は上質の部分だけを燻製にし、他は捨てたともいう。

変わり者だった。しかし世の動向に敏《さと》く、知に長けた喜作は、山登りが隆盛へ向かうことを確信していた。1917（大正6）年、槍沢源頭に設けてあった自分の「殺生小屋」を営業山小屋に変え、そこへ登山客を誘導するために、東鎌尾根に新しい登山道を開削する計画を立てる。

ちょうどそのころ、松本の穂苅三寿雄らが、槍ヶ岳登山の旧道ルート・槍沢ババノ平に営業小屋（アルプス旅館）の建設工事を進めていた。喜作は、その資材運搬を買って出た。つまり、やがては自分の競争相手となる山小屋工事の荷上げをして労賃を稼ぎ、一方で、自分の登山道開削を進めていたのである。

「新道」ルートは、喜作にとっては、日ごろの狩りで通い慣れた道だったが、一般登山道に調えるのは容易ではなかった。3000メートル級の山々へ道具や荷物を上げるだけでも大変な作業で、雇った人間のほとんどが逃げ出す難工事だった。喜作は80キロにもおよぶ重い荷を担ぎ、たったひとりで新道開設に勤《いそ》しんだ。そして、3年をかけて見事に新道はできあがった。

燕岳から縦走路を南へ進み、大天井岳手前の切通岩《きりどおしいわ》。その鎖場近くに喜作のレリーフがある。それは数々のエピソードがにわかに信じがたい、柔和な顔である。

●エピソードで読む登山史　秩父宮がマッターホルン登頂を果たす

大正期（1912〜26年）から昭和初期にかけて、登山ブームは続いた。その波は皇族にも及んで、何人かの「山に登る宮さま」たちが登場した。

最初の「宮さま登山」は、1916（大正5）年8月、東久邇宮《ひがしくにのみやなるひこ》稔彦の徳本峠越え槍ヶ岳登頂である。この年、東京大林区署（営林署）が上高地〜槍ヶ岳、燕岳〜東天井岳（二ノ俣）〜槍ヶ岳の登山道を整備した。東久邇宮は、このルートをたどって初登山を十分に楽しんだ。翌17年には、白馬岳にも登頂する。また20年8月には、朝香宮鳩彦《やすひこ》が、燕岳〜槍ヶ岳を、次いで22年7月には、南アルプスの農鳥岳〜北岳〜仙丈ヶ岳〜甲斐駒ヶ岳を踏破した。

このように皇族たちをも魅了した登山ブームだったが、なかでももっとも多彩な活動をしたのが、秩父宮雍仁《やすひと》（昭和天皇の弟）だろう。

秩父宮の登山は、21歳の1923（大正12）年8月、燕岳〜槍ヶ岳縦走に始まった。これには、赤倉でスキーの指南役を務めた槙有恒のほか、木暮理太郎らが随行した。当時すでに開通していた喜作新道をたどって、殺生小屋に宿泊する。槍の穂先を登る際には、慶応義塾山岳部OBの早川種三らがサポートを買って出た。また上高地温泉場では、専用の浴室を新築して「山に登る宮さま」を迎えた。

1926（大正15）年、秩父宮の登山活動は、ついに1カ月におよぶ本場ヨーロッパ・アルプスへと進む。

宮は、随行する槙有恒らとともにロンドンからスイスに入ると、グリンデルヴァルトを起点に、ベルナーオーバーラントの諸峰を巡った。8月、ヴェッターホルン（3701メートル）と最高峰フィンスターアールホルン（4274メートル）に登頂した。

1924年5月、立山・浄土山での秩父宮一行。左から秩父宮、三田幸夫、槙有恒、大島亮吉
（三田幸夫『わが登高行』より）

ツェルマットに移動後、いよいよマッターホルン（4478メートル）に挑戦、その頂上にも立った。さらに9月、モンテ・ローザの最高峰デュフールシュピッツェ（4634メートル）の登頂にも成功。

このときのアルプスでの宮の登頂数は10座を超え、その精力的な登山活動によって、イギリス山岳会は1928（昭和3）年、宮を名誉会員に推挙した。

帰国後の1927年、秩父宮は上高地から西穂高岳に登って、奥穂高岳〜槍ヶ岳を縦走。小槍への登攀後、笠ヶ岳まで至り、平湯、高山へ足を延ばした。

これら秩父宮らの登山活動を、当時の新聞は大々的に報じた。それは、登山というスポーツが、皇族も親しむ健全にして高尚な活動であり、山岳が決して危険な場所ではないという強いメッセージとなって、大衆に伝播した。そして、皇族登山のために整えられた登山道や新たな宿泊施設の開設なども相俟《あいま》って、さらに多くの人々を山の世界に誘う一因となった。

14　女性のパイオニアたち

「女人禁制」廃止の太政官布告

〈神社仏閣ノ地ニテ、女人結界ノ場所コレ有リ候処《ソウロウトコロ》、今ヨリ廢止サレ候條、登山參詣等勝手トナスベキ事〉——1872（明治5）年3月27日（新暦5月4日）付太政官布告第98号。切支丹《キリシタン》禁制の高札除去などと同様、理由なき差別を廃し、近代文明国家らしいポーズを示す明治新政府の作為だった。

しかし、1000年も続いた「女人禁制」は布告以後も容易には改まらず、霊山登拝の現場の多くは旧態依然のまま過ぎた。30年ほどを経て、ようやく女性も霊山に登るようになったとはいうものの、遺制は根強く人々の意識を呪縛し女性を傷つけた。

1906（明治39）年8月、「加賀白山の表山登り」（「山岳」2-3）の大平晟《おおだいらあきら》はスシ詰めの室堂に泊る。途中で疲れ切った17～18歳の娘とその父に逢い薬や水を与えたが、彼らも同宿だった。日は改まるが、前日午後からの風雨は止まない。一隅から〈女の登れる祟《たたり》なり〉と声があがり、〈甲唱乙和、丙罵《ば》丁詈《り》〉、〈満堂男性の中、唯一個の少女、何を以《もっ》てか之《これ》を辯《べん》ぜん。獨《ひと》り首を垂れて涙に咽《むせ》ぶのみ〉。大平は〈悪口聞くに堪《た》へず〉、〈女神を祀りながら、女人の參詣に祟りありとは奇怪にあらずや。二十世紀の今日、白山獨《ひと》り野蠻《やばん》なりと、笑はれぬこそ肝心なれ〉とたしなめる。白《しら》山比咩《やまひめ》神社には、まさに太政官布告の年7月、鳥取の女性が白山、別山に登頂し、その記録を、宮司・狩谷竹鞆が歓迎の意を添えて残していたのだが……。

立山と富士女人登拝への歩み

立山では登拝を許さぬ女性参詣者のために、登拝口・芦峅寺に独特の布橋灌頂《ぬのはしかんじょう》を営む。山中の美女杉・禿杉《かむろすぎ》・姥石《うばいし》・鏡石などは、禁を犯した女性、最期の姿だとの伝説も残り、登拝を厳しく戒めた。布橋灌頂は、今日でも再現されている。

右の大平は同じ年、白山に先立つ立山登頂の際、神主から娘が頂上を〈跋渉せり〉と聞いていた。翌1907（明治40）年夏、立山登頂で13歳の少女を見た大井冷光は、大平登頂の3年後、09年には「富山日報」記者として7～8月に約1カ月滞頂。そのルポ「天の一方より」に、3589名の登頂者中に女性45名、2412名の室堂宿泊者中に女性35名（記事に基づく合算）と書く。だが立山では、さらに古く1891（明治24）年8月16目、常願寺川の治水工事に当ったオランダ人土木技師ヨハネス・デレーケの娘、13歳のヤコバが登頂した記録が発見されている。

富士山では江戸後期、富士講身禄《みろく》派の行者・食行《じきぎょう》、参行を継いだ小谷三志が尽力して、公然と女人登拝を実現させた。四民と男女の平等を説く三志は、吉田口の庚申年女人解禁（二合目まで）を名実具わった女人開山にしようと、御師《おし》や山麓の農民を説得。壬辰年の1832（天保3）年9月26日、三志は江戸深川、鎌倉屋十兵衛の娘たつ（25歳）を伴い、吉田口から五合目中宮に入り、27日（新暦10月2日）、氷雪の北面を急登して頂上に至った、28日には御中道を巡る、と書き遺す。

初代イギリス公使のR・オルコックが登頂した1860（万延元）年も庚申年に当るが、この年、三志らの実績に続き数百の女性登拝者が頂上に達したとする史家もある。

また青森の岩木山でも、1873（明治6）年旧暦7月、歌人で画家の兼平亀綾が単身で登頂。この岩木山には、1909（明治42）年8月16日、弘前女学校（現、弘前学院）が学校集団登山した。

登頂以前にはだかる障害の克服

日本山岳会会誌「山岳」第1年（1906）年の三つの号それぞれに一篇ずつ、女性登山関連の論稿がある——第1号は久保田柿村舎（歌人・島木赤彦、上諏訪西小学校教師）「女子霧ヶ峰登山記」、第2号は小林すゞむ子「富士紀行」、第3号は野口幽香子（会員、東京女子高等師範学校〈現、お茶の水女子大〉卒、保育園設立に尽力）「岩鷲（岩手）登山記」。日本山岳会発足当初から、まだ少ないが、女性による近代的な登山活動や教師に引率された女生徒の集団登山が行なわれていた状況が窺える。なお明治・大正期の日本山岳会女性会員は野口ら6名である。

1919年、東京女高師附属高女（現、お茶の水女子大附属高校）による富士登山の様子（日本山岳会蔵）

大正期から昭和初期、日本登山史上にパイオニアと位置づけられる「女流登山家」が登場する。彼女たちは山に登る以前に、周辺や行く手に立ちはだかる障害——社会的な差別や偏見、経済的な劣位、体力面のハンディキャップなどを、まず越えねばならなかった。

彼女たちは、「女人禁制」の遺風にさらされ、「女だてらに」「お転婆」と陰口をたたかれ白眼視されても、自ら選んだ道を歩む。家庭環境や経済的に恵まれてはいたが、自らの強い意思と父や兄弟や夫らの支えとを頼りに、服装や装備に細心の工夫をこらしてパイオニア・ワークを蓄積した。

女性パイオニアたちの登山活動

女性パイオニアたちの登山活動をたどると——

1906（明治39）年　野口幽香子が岩手山登頂。

1914（大正3）年　青木美代が松本高女（現、蟻ヶ崎高校）集団登山で白馬岳登頂。

15年　内藤千代子が槍ヶ岳に登頂。
16年　女子高等師範（奈良女子高等師範とされる）の学生4名が前穂高岳に登頂。
17年　16歳の村井米子が富士山に登頂。
19年　竹内ヒサが夫・鳳次郎と白馬岳、槍ヶ岳登頂。
20年　竹内が鹿島槍、針ノ木峠～立山～剱岳女性初登頂と初縦走。
23年　村井が前穂高岳～槍ヶ岳を女性初縦走。
27（昭和2）年　中村（佐藤）テルが厳冬期富士山登頂。
28年　黒田初子が夫・正夫と遠山川西沢遡行～聖岳。
29年　黒田が小槍に女性初登攀、槍～奥穂～西穂を女性初縦走。村井が鹿島槍～五竜岳を縦走。
今井喜美子が夫・雄二と前穂～槍を案内人なしで縦走。
30年　黒田が白萩川～小窓～三ノ窓～剱岳を登攀。
31年　黒田が厳冬期の槍登頂。青木が東京市役所山岳部設立に参画。中村がYWCA山岳部設立。
32年　川森左智子が奥穂から涸沢をスキー滑降。今井が剱岳八ツ峰、源次郎尾根を登攀。
33年　沢智子が厳冬期の北穂、奥穂に女性初登頂。黒田が夏に白頭山、冬に冠帽峰に登頂。

続いて川森、小林（長谷川）静子、上田安子らが昭和初期のトップ・クライマー（藤木九三、海《う》野《の》治良《はるよし》、上田哲農、北條理一、新村正一《しんむらしょういち》）とともに、北穂滝谷、前穂奥又白、屏風岩、剱岳チンネなどの岩場に、また笹淵奈美子、春木（大木）千枝子が谷川岳一ノ倉沢などの岩壁登攀に挑む。昭和初期から登山活動を積んだ坂倉登喜子による女性だけの山岳会エーデルワイス・クラブ設立は、1955（昭和30）年である。

●エピソードで読む登山史　日本初。夫婦登山を楽しんだ竹内夫妻

竹内鳳次郎・ヒサ夫妻による初めての本格的な登山活動は、1919（大正8）年7月である。北アルプス・白馬岳、鑓《やり》ヶ岳や、燕岳から槍ヶ岳を縦走した。鳳次郎34歳、ヒサ21歳。彼らは、この後アルプスを中心とする高山への登山を、徹底的に楽しむようになる。

ふたりは2年前の1917年に、新婚旅行で京都を訪れた後、岐阜県の関から徒歩で飛驒路をたどった。高山を経て越中・笹津まで約180キロに5泊を要する長大な旅だった。その年、ふたりで丹沢大山へ、そしてヒサの兄・要之助、弟・郁之助を交えて、箱根・乙女峠へも日帰りハイキングに出かけている。これらが彼らの本格的登山への序章となった。

当時の白馬岳には、松本高等女学校（現、蟻ヶ崎高校）や長野高等女学校（現、長野西高校）の女生徒が、教師に率いられて、すでに集団登山を重ねていたが、ほとんど一峰のみをめざす単純な登山であった。竹内夫妻は、白馬岳から白馬大池を往復、白馬鑓ヶ岳、鑓温泉を巡る回遊登

山を試みた。これは、女性最初期の山行であった。

次の山行は、中房温泉から燕岳に登って二ノ俣小屋（東大天井岳）へ、さらに槍沢から槍ヶ岳登頂を果たした後、上高地温泉場に下山、焼岳にも登る10泊の山旅であった。なかでも燕岳〜大天井岳縦走、二ノ俣小屋〜槍沢下降は、ともに女性最初期の行と目されている。

翌1920（大正9）年、夫妻は大町・對山館をベースに2度の縦走登山を行なった。前半は、鹿島槍ヶ岳から蓮華岳へ後立山連峰南部の縦走、針ノ木雪渓下降である。後半は、針ノ木峠越え、黒部川横断、ザラ峠〜五色ヶ原、立山別山〜剱沢〜長次郎谷〜剱岳、剱沢〜小窓ノ頭〜白萩川下降〜馬場島。これらはすべて、登山史では「女性初」とされている。

この竹内夫妻に登山を勧めたのは、ヒサの兄・岡田要之助だった。彼は植物採集から山岳に親しみ、一高旅行部・横浜植物会に所属し、1918（大正7）年に日本山岳会に入会していた。

鳳次郎は外国航路の機関士だった。この海の男は、女性登山が、まだ「女だてらに」「お転婆」と白眼視された時代に〈日本アルプスは男だけの天地ではない〉〈女でも心身ともに健康でさえあれば、誰でも登れる〉と、夫婦での登山を実践してみせた。そして、その山旅を、外地で入手した手持ちのカメラを駆使して、スナップ撮影した。これは、山岳写真の分野に新しく導入した手法だった。

ヒサの登山は、決して「連れてかれ」でも「連れてって」でもなく、自ら望んで夫とともに計画し、楽しむ山旅だった。その感慨は、彼女がノートに書き遺した紀行の節々に見られる。

1923（大正12）年、ヒサは当今の「山ガール」をしのぐファッショナブルな洋装で、南北アルプスに登場した。伊藤孝一パーティに同行して大町〜大沢小屋の雪路をたどり、南アルプス北部の甲斐駒ヶ岳、北岳などを巡った後、北アルプスの針ノ木峠から薬師岳〜三俣蓮華岳〜笠ヶ岳に至る女性初の大縦走を達成して、自らの山旅を締めくくった。この間、わずか3年半であった。

1920年、剱岳を目指し、長次郎雪渓を登る竹内ヒサと弟の岡田郁之助

1923年、針ノ木雪渓での竹内ヒサ（左）と妹の岡田季（上下とも竹内鳳次郎撮影、岡田汪提供）

15　バリエーション・ルート　初登攀ラッシュ

籠川谷で初の雪崩遭難

１９２７（昭和２）年12月30日10時30分過ぎ、北アルプスの籠川谷・針ノ木雪渓をスキーで登高中の早稲田大学山岳部員11名が、雪崩に襲われた。ちょうど赤石沢出合付近（標高約１８００メートル）にさしかかった時である。

部員たちは、リーダー近藤正の下、合宿していた大沢小舎（標高約１６７０メートル）を10時ごろ出発。吹雪のため予定していた幕営をあきらめ、軽いスキー滑降に変更しての行動だった。距離にして６００メートルほどを登って、先頭の渡辺公平が、赤石沢上部を正面に見上げながら大きく右へ、３回目のキックターンをした。

〈右に向って五、六歩行くか行かないうちに、「ガランゴォー」という陰にこもった音を聞いた。凄い音だった。雪崩！　直感はしたものの、まさかそれが本谷（針ノ木雪渓）を自分達の方に落ちてくるそれであろうとは、その瞬間には思えなかった。（中略）スバリ（岳）側から出たらしい表層雪崩が谷一杯に拡がって、煙幕のようになって奔下してきた。〉

（早大山岳部会報「リュックサック」６号）

雪崩は、たちまち11名を飲み込んだ。「雪崩に遭ったらスキーを脱げ」と教えられたのを思い出した者でも、片方を外すのが精一杯だった。滑って逃れようとした者も、スキーの向きを変えないうちに背後から突き倒された。全員が、またたく間に白い世界に引きずり込まれていた。雪崩は、遭難地点から静止地点までで、長さが500メートル以上、幅は80メートル以上に及んでいた。

下半身の埋没のみで済んだ2名が自力で脱出し、5名を発見、救出する。道具がないので、手と足だけで時間をかけて掘り出した。靴が片方だけの者、折れたストックを握ったままの者、鼻血を出して血まみれの者……。だが、とうとう残る4名は発見できなかった。その後も大々的な捜索活動は続けられ、遭難地点から300メートル以上も下流で4名の遺体が発見されたのは、春も遅い6月のことだった。

早大山岳部は、1920（大正9）年の設立である。先発の学習院旅行部や慶応義塾山岳部に強い対抗意識を抱き、舟田三郎、麻生武治らを先頭に、果敢な活動を展開してきた。24（大正13）年～25年の年末年始以来、大沢小舎を拠点に合宿を続けて部員を鍛えた。そして、針ノ木峠～針ノ木岳（第1回）、スバリ岳、蓮華岳、針ノ木岳（第2回）、蓮華岳、鳴沢岳、爺ヶ岳（第3回）など、厳冬期初登を含む、輝かしい成果を積み上げていた。

その第4回合宿で、この大打撃を受けた。初の雪崩による事故として、大きな社会問題にもなった。雪山遭難としては、1923（大正12）年1月、槇有恒らのパーティが、立山で猛吹雪に遭って彷徨の末、板倉勝宣が松尾峠で疲労凍死したのに次ぐ。吹雪や寒気とともに、雪崩が雪山登山に大きな危険をもたらす現象であることを、登山界ばかりでなく、広く世に知らしめた悲しい事故であった。

バリエーション・ルートの開拓

登山道は一般に、可能な限り容易に通過でき、かつ、安全・確実に目標地点へ到達するように拓かれている。だが、そんな易しい登山道にほとんど関心を示さず、ただひたすら「より困難な」未踏ルートを登ろうと試みる――それがバリエーション・ルートの開拓である。それは多くの場合、険しい岩稜をたどり、岩壁を攀じ登る活動となる。

これはアルピニズムの理念による登山活動で、アルプスで活躍した槇有恒の帰国（1921年末）から、35年前後にかけて各地の山域へ広がっていった。

槍ヶ岳北鎌尾根や小槍の初登攀（ともに1922年）、北穂高岳滝谷の初登攀（25年）などが、その序曲である。担い手の多くは、旧制高校や大学の山岳部員たちだった。彼らによる盛んなバリエーション・ルートの開拓は、各山域で初登攀ラッシュを生み出した。

1922（大正11）年夏、穂高岳・涸沢に合宿して、槇からアルプス流の登攀術を直伝された慶応山岳部は、その涸沢をベースに、前穂・奥穂・北穂へと放射状に登攀を重ねた。24年には、青木勝、大賀道昺、佐藤久一朗が、屛風岩から前穂高岳に連なる北尾根ルートを開拓した。

１９２５（大正14）年8月13日、北穂高岳滝谷を同じ日に初登攀したのは、早大ＯＢの藤木九三（Ａ沢）と山岳部現役の小島六郎・四谷竜胤（Ｄ沢）だった。その滝谷を登りつくそうと、早大は32（昭和7）年春から34年春まで、槍平小屋に5度の合宿を重ね、出牛《じゅうし》陽太郎、折井健一、小川猛男、今井友之助らが、夏と積雪期に第2、第3、第4尾根の初登攀を加えた。

東大の小川登喜男らは１９３１（昭和6）年8月、屛風岩2ルンゼ、1ルンゼを初登攀。同年、松本高校（現、信州大学）の国塩研二郎らが、奥又白谷から前穂高岳・東壁を初登攀する。以来、松本高校はここを「ハイマート（故郷）」として、四季、新ルートの開拓に励んだ。社会人のＲＣＣ系列、ＯＫＴの北条理一も、30年代に前穂高岳北尾根4峰正面壁に拓いたルートにその名を残す。

穂高と並ぶ「岩の殿堂」剱岳でも、北面のチンネや八ツ峰で難度の高いルートの初登攀が達成された。チンネでは旧制三高の高橋健治らが１９２７（昭和2）年に左方ルンゼ、北海道大予科（旧制）の山《やま》の

北穂滝谷第3尾根の小ピナクルに立つ小川猛男（小川正良提供）

三郎は30年に左稜線上部、ＯＫＴの北条理一らも32年に中央チムニーなどを拓いた。東大の小川登喜男は32年4月、単独で八ツ峰、源次郎尾根を積雪期初登した。

鹿島槍ヶ岳北壁を初登攀したのは、１９３１年10月、京大の伊藤愿《すなお》。積雪期の荒沢奥壁を拓いたのは東京商大（現、一橋大）の小谷部全助《おやべぜんすけ》と森川眞三郎で、37年3月だった。ふたりは35、36年に、南アルプス・北岳バットレスの第1および第4尾根を夏、冬にそれぞれ登攀していた。

この時期、卓越した雪山単独行を展開したのが神戸の社会人登山家、ＲＣＣから育った加藤文太郎である。初めての冬山は、１９２９（昭和4）年1月の八ヶ岳だった。この山行まで、加藤の登山活動は25年8月からの3シーズンで14回に及ぶ。夏の山から27、28年7回の春―秋の山へ、そして冬へと一歩一歩確実に足場を踏み固めて進み、いささかの飛躍もなさない。〈飛躍のともなわない単独行こそ最も危険が少ない〉として。

以降、36年1月、槍ヶ岳北鎌尾根に逝くまでの8シーズン、51回、加藤は北アルプスを中心に孤独なトレイルを幾重にも刻む。冬季登山が、まだその緒についたばかりの時代――学校山岳部のエリートたちでさえも、案内人を伴ってようやくピークを往復していた時期、一介のサラリーマン技師がただひとり、薬師岳～烏帽子岳、槍ヶ岳～笠ヶ岳往復などの冬季初縦走を黙々と成し遂げていた。〈いささかも他人の援助を受けない単独行こそ最も闘争的であり、征服後に最も強い慰安が求められる〉という加藤の〝飛躍をともなわない単独行〟は、そのために貯金を続けていたという遥かなヒマラヤの峰まで続くはずだった。

脚光を浴びる谷川連峰

「国境の長いトンネルを抜けると、雪国であった」。川端康成の小説『雪国』の冒頭である。この作品は、1937（昭和12）年に上梓されたが、舞台となったのは、上越線や湯沢温泉、谷川岳など。冒頭の「国境」は、上野《こうずけ》と越後《えちご》、つまり群馬県と新潟県との境を指し、「長いトンネル」は清水トンネル。谷川連峰の一ノ倉岳と茂倉岳の直下を貫通するこのトンネルの開通により、上越線は1931（昭和6）年9月、全線開通を果たした。

　さて、初めて谷川連峰に入った登山家は、日本山岳会の藤島敏男と森喬であろう。1920（大正9）年7月、剣持政吉の案内で、土樽《つちたる》から仙ノ倉山に登頂。翌日、土樽から茂倉岳〜一ノ倉岳〜谷川岳を縦走、天神峠から谷川温泉に下った。

　登山はともに1日の行程だったが、東京から新潟側の登山口・土樽までは、一昼夜を要した。夜7時に上野を発ち、直江津を経由して約12時間。朝、長岡の手前の来迎寺で下車、ここで魚沼鉄道に乗り換えて小千谷へ。さらにバスに揺られて塩沢まで。そこから歩いて、土樽の剣持宅に到着したのが夜7時。

　群馬県側の登山口・土合《どあい》に行くのもまた、不便だった。藤島らが登ったころ、鉄道は新前橋までしか通じていない。手前の高崎で下車、渋川電車に乗り継いで渋川へ。さらに軽便鉄道に乗り換え沼田へ。そこから馬車に便乗して後閑に至って1泊する。翌日は、徒歩で丸1日かけて湯檜曽《ゆびそ》を経由し土合をめざす。

このように谷川連峰は「近くても遠い山」だった。それでも、次第に登山家の注目を集め始める。1922〜25(大正11〜14)年には、日本山岳会の木暮理太郎や武田久吉、松本善二、また旧制一高旅行部、東京商大(現、一橋大)山岳部などが入山して、登高に挑んだ。そして26年7月、松本らが土樽〜蓬峠〜茂倉岳〜一ノ倉岳〜谷川岳へ。さらに西進して万太郎山、仙ノ倉山など連峰全山の初縦走を3泊4日で達成、三国峠から法師温泉に下った。

この秋、慶応義塾山岳部OBの大島亮吉が谷川岳を「発見」する。武尊山から西を望み、穂高や剱に匹敵する大岩壁を連ねた谷川岳東面に眼を奪われたのである。翌1927(昭和2)年3月、大島らは谷川温泉から谷川岳に積雪期初登頂。5月、芝倉沢から茂倉岳、一ノ倉岳に登頂、谷川岳を「近くてよい山なり」と報告した。さらに7月、マチガ沢本谷を初登攀、9月には南面の谷を探るなど、谷川連峰に「岩と雪」のパイオニアワークを積み重ねた。

大島は多角的な登山活動を続ける一方、語学力を駆使してA・F・ママリーら西欧登山家の活動とその思想や雪崩の研究などをすすめ、多くの論稿を発表した。大島は、先鋭的クライマーであると同時にワンダラーであり、ヨーロッパ風のアルプス的景観に憧れる一方で日本的山村風景を愛し、ピークハンターの闘争心と漂泊者の静観的態度を併せ持つ登山家であった。1928（昭和3）年3月25日、前穂高岳北尾根で転落死した。

上越国境の谷川岳東面・一ノ倉沢。1927（昭和2）年7月の大島らによる試登・登攀後、30年7月、小島隼太郎（青山学院大）、小川登喜男（東北大、のちに東大）らが続いた。32年には、芝倉沢出合近くに旧制成蹊高校の虹芝寮が建ち、若きクライマーに格好のベースができる。

さらに31年9月、国鉄上越線の全線開通により、谷川岳は名実ともに「近くてよい山」となり、社会人も参入を開始。杉本光作、山口清秀、笹淵奈美子らの登歩渓流会、中村太郎らの日本登高会などが大いに活躍した。だが、峻険な岩壁や天候の急変などによる遭難も多発し、谷川連峰は「魔の山」とも呼ばれ、負のイメージがつきまとった。

穂高の岩場でも三高の井上金蔵（26年）、慶大の大島、松高の4名（40年）らが墜死、栄光の陰で悲劇も生じていた。

●エピソードで読む登山史　登山用具の国産化を担った職人たち

登る行為そのものを楽しむヨーロッパ流の近代登山。これが日本で本格化し始めるのは1900（明治33）年前後だが、そのための服装や装備品などの移入は大幅に遅れた。それらが国内で製作され、広く用いられるようになるのは、20〜30年を経た大正期半ば〜昭和初期に入ってからである。

明治末〜大正初期、来日した欧米人の登山装備品を、日本の職人が模造した例もなくはない。また、本場アルプスを体験した日本人の地質学者や登山家が、現地で揃えた登山用具を帰国後に展示し、その輸入を手がける日本山岳会の高野鷹蔵が、会誌「山岳」に用具解説をしたりもした。

しかし国内の登山は、いまだに伝統的な旅姿で、山仕事に用いる道具を使う登山スタイルが主流だった。これが一変したのは、アルプスでアイガー東山稜を初登攀した槇有恒の帰国（1921年）以後だ。やがて登山は、いっぽうで尖鋭化し、他方で大衆化が進む。それとともに登山用具はヨーロッパ製品の輸入から国産化へとシフトし、日本の職人たちが登山の隆盛を支える裏方として活躍を始める。

登山用のテントを日本でもっとも早く製作したと思われるのは、帆布屋「片桐」（現、文京区千石）の片桐貞盛だ。注文したのは日本山岳会の三枝威之助。このテントは多角錐型で、1909（明治42）年、小島烏水らとの南アルプス縦走に用いられた。

大正期に入ると、東京・赤羽橋の合羽屋「水野商店」が、学習院旅行部や慶応義塾山岳部などの注文でテント製作を始める。1920（大正9）年、竹内鳳次郎・ヒサ夫妻は、後立山連峰南部〜剱岳縦走の際、水野商店で特注した多角錐型のテントを用いた。この直後、この店で修業した吉田喜義は、後に「吉田テント」（杉並区桃井）を興し、第1次マナスル登山隊（53年）の高所用ミード型テントの製作を担当する。

片桐貞盛はまた、二代目盛之助とともにルックザックも製作した。先の高野鷹蔵の注文をはじ

高橋修太郎作の登山靴。右は修行中に製作したドイツ・スタイルのもの。左は1940年前後に製作した返し皮付きの日本独特のスタイル（渡辺正和撮影）

国産第1号のピッケル。左は仙台の山内東一郎が1929年ごろ製作、右は札幌の門田直馬が1930年ごろ製作した（渡辺正和撮影／大賀寿二蔵・札幌冬のスポーツ博物館蔵）

め、槇有恒がグリンデルワルトから持ち帰ったキスリング製のザックを模造。大学ごとに異なる注文にも応じた。

足袋と草鞋履きも、靴底に鉄鋲を打った革の靴へと移行する。この登山靴づくりは高橋修太郎らによる。彼は大正期半ば、陸軍の将校用編上靴を製造する四谷の「山崎靴店」で修業中、学習院の岡部長量からヨーロッパ製の登山靴を模造するよう依頼されて国産の革製登山靴を完成。独立を果たし、以後も製作を続ける。

ピッケルやアイゼンも、当時は高価な輸入品に頼っていた。国内生産が始まったのは昭和初期。ともに東北大、北海道大の山岳部員で、金属工学を学ぶ学生の要求に、地元の鍛冶職人が応じたものだった。仙台では桝田定司が山内東一郎にピッケルを、札幌では和久田弘一が門田直馬にアイゼンとピッケルの製作を勧めた。と同時に、合金や鍛造についても専門的なアドバイスを行なった。山内は一代限りだったが、門田は三代続き、ついには国際水準の製品を生むまでに進歩し、特殊鋼製のピッケルは1936（昭和11）年のナンダ・コット登山隊をはじめ、太平洋戦争後のヒマラヤ登山でも頼りにされた。

彼らの多くは、自ら山に親しむ機会はほとんどなかったが、注文した登山家に向きあい、工夫・改良・吟味を重ねて、ともにパイオニアワークに勤しんだのである。

16　極地法　ヒマラヤへの道

1936（昭和11）年10月5日、日本初のヒマラヤ登山隊がナンダ・コット（インドのガルワール・ヒマラヤ、6867メートル）初登頂を果たす。立教大学山岳部ヒマラヤ踏査隊隊長の堀田彌一、隊員の山縣《やまがた》一雄、湯浅巖、浜野正男、「毎日新聞」記者の竹節作太、シェルパのアン・ツェリンら6名全員が頂上に立つ。

ヒマラヤ、憧れから目標へ

世界の屋根・ヒマラヤへの挑戦は、近代アルピニズムを生んだイギリス人を中心に、すでに1880年代に始まり、1921年春には最高峰・エヴェレストへマロリーら第1次登山隊が初挑戦した。

この年秋、槇有恒はアルプスのアイガー東山稜初登攀を果たした。その槇が1923（大正12）年に発表した「岩登りに就て」に書いている――雪氷技術と岩登り技術とを会得せぬ限り、〈アルペンとかヒマラヤに向つての試みは不可能〉だ、と。槇の視野には、ヒマラヤが確かに捉えられていた。それを登る必須の技術を掲げて、ヒマラヤを、脳裡に想い描くだけの「憧れの山」から、その登頂を具体的に模索する「登る目標の山」へ大きく近づけた。

慶応義塾山岳部などにヒマラヤを強く意識づけた要因は他にもある。明治末期にアルプス山麓を逍遥、槇らに山岳部設立（15年）を慫慂した教授・鹿子木員信。職を辞してインド入りした鹿子木は、18（大正7）年10月、タルン氷河を踏査して黒カプア（カブール・4810メートル）に登頂、カンチェンジュンガを望見する。20年、これらの体験を綴る『ヒマラヤ行』を著して、若き岳人の胸を躍らせた。

そして槇の薫陶を受け、マウント・アルバータに登った三田幸夫。ヒマラヤに接したいばかりにインドに職を求めた三田は、1931（昭和6）年冬、マナリからロータン・パス（3980メートルの峠）に登る。三田は、後輩たちをヒマラヤに誘い、雪稜上での幕営訓練を積むよう、熱いメッセージを送る。

さらに長谷川伝次郎。1927～28年にチベットのカイラス（6656メートル）、パンジャブ・ヒマラヤのナンガ・パルバット（8126メートル）を巡って、32年に写真集『ヒマラヤの旅』を刊行、雄大荘厳の山岳美を伝える。

正真正銘の〈初登山〉を極地法で

昭和初期、今西錦司らがヒマラヤを目指す新しい活動に踏み出す。〈初登山〉に執着する今西は、日本国内の「残雪期初」や「厳冬期初」ではなく、正真正銘の〈バージンピーク〉を求め、ヒマラヤに目標を置く。この目標達成の手段として、組織を調え、「極地法」を採用し、その習熟と装備の追求、理論化に精力を注ぐ。

極地法とは、初期の南極・北極探検の際に用いられたポーラー・メソッドあるいはポーラー・システムと呼ばれる方法。ベースキャンプ（基地）から次つぎに前進キャンプ（拠点）を設営して進む一方、各キャンプ間を往復して食糧・装備などの物資を運び、同時に隊員の高度順化を図る。最後にアタック隊を出して目標に到達し、全員が基地に戻る。この方法は、キャンプの設営・物資の運搬・隊員の移動の三つが活動の要素で、登山隊の組織的・計画的な運営が成否を決する。この方法を最初に登山に用いたのは、１９２２年、イギリスの第２次エヴェレスト登山隊だった。

京大ＯＢの今西らは１９３１（昭和６）年５月、京都学士山岳会（現、ＡＡＣＫ、京大学士山岳会）を設立、目標をシッキム・ヒマラヤのカブルー（７３３８メートル）に定めた。同年12月26日～32年１月７日、ＡＡＣＫは京大山岳部とともに冬富士大沢口～頂上で本邦初の極地法登山を展開した。西堀栄三郎・今西ら10名が、御中道小屋を含む４つのキャンプを設営しながら、３隊に分かれて交互に登頂、サポート、御鉢回り、露営を含む頂上４泊などを達成。参加した学生の伊藤愿《すなお》が「ポーラー・メソッドによる富士登山」、遠山富太郎が「富士山大澤口冬季登山」を発表、多大な反響を呼ぶ。「ポーラー・メソッド（Polar Method）」を「極地法」と訳したのは、この伊藤である。

大学山岳部の極地法・海外登山

一方、慶応義塾山岳部が三田のメッセージに応えて、1932（昭和7）年末～33年初め、森林限界を超える稜線に露営して西穂登頂。33年春には剱岳平蔵のコルに露営、縦横に積雪期の登攀を重ね、35年初めまでに槍の稜線、北穂頂上、奥穂頂上で積雪期に高所露営を敢行した。

また冬富士の成果をヒマラヤに結ぶ計画が挫折した京大隊は、1934（昭和9）年末～35年初め、中朝国境稜線上の白頭（ペクト）山に挑む。さらに35～36年、中国東北部の大興安嶺（タァシンアンリン）山脈に遠征。この京大に刺戟され、35年春、朝鮮半島東北部の冠帽峰に登頂した京城帝大（当時）は、36年末～37年初めの厳冬期にも登頂、早大が続く。

ヒマラヤを見据えた、北アルプスを主要舞台とする極地法登山、当時の植民地（樺太、千島列島、朝鮮半島、中国東北部、台湾など）山岳への遠征が大学山岳部の間に急速に拡がる高揚のなかで、立教大隊のナンダ・コット登頂は達成された。

だが、満州国建国（1932年）や中国大陸侵略が非難を浴びて、日本の国際的孤立はいよいよ深まる。ヒマラヤへの道は閉ざされた。白頭山や冠帽峰、大興安嶺などでの登山活動は、抗日ゲリラの攻撃を受ける危険にさらされて軍隊の護衛を受けねばならなくなり、やがて止む。

●エピソードで読む登山史　立大隊、ナンダ・コットに日本人初のヒマラヤ登頂

ナンダ・コット（６８６１メートル）は、ナンダ・デヴィ（７８１６メートル）を盟主とするインドのガルワール・ヒマラヤに属する一峰で、05年、イギリスのロングスタッフ隊がこの山に挑戦したが、頂上直下で登頂を断念していた。

インドを植民地としていた登山先進国のイギリスは、１８８０年代からヒマラヤで登山活動を開始。１９２１（大正10）年春には、エヴェレストへ登山隊を送り出していた。日本の大学山岳部などがヒマラヤ登山を意識し出すのも、このころからである。

慶応義塾、京都学士山岳会などの先進的な活動に比べると、立教大は明らかに遅れをとっていた。富山県の旧制魚津中学（現、魚津高校）でスキーを覚えた堀田彌一が、１９２７年、立大に入学すると、そこには「山丘部」と通称されるハイキングを楽しむ組織しかなかった。堀田はさっそく仲間を募って、雪山をめざす活動を開始する。

まず山丘部を「山岳部」と改称すると、１９２８（昭和３）年春、立山に積雪期登頂。30年、今度は唐松岳～白馬岳を積雪期に縦走。その年末には、鹿島槍ヶ岳の厳冬期初登頂を果たすに至った。後立山連峰の豪雪と峻険な岩稜で登山技術を磨いた堀田らは、32年１月、槍・穂高連峰の厳冬期縦走も達成した。こうして登山レベルの向上を図る一方、立大は、教授で山岳部長の辻荘

一の下、ヒマラヤ研究も始めた。辻は中学時代から登山に親しみ、上高地温泉場でウェストンと同宿したこともある日本山岳会会員である。彼らは、ヒマラヤの調査・研究を重ねた後、36年1月、いよいよ正式な遠征計画を決定した。目標には、実力に見合う山として、ナンダ・コットを選んだ。

隊長には、OBとなった27歳の堀田が選ばれた。メンバーは、大学院生の山縣一雄、学生の湯浅巖と浜野正男、ほかに「毎日新聞」記者の竹節作太の5名だった。

3月に入ると、彼らは装備を調え、食料を背負って富士山でテストを重ねた。これらは、おもに東京・お茶の水で山道具専門店・好日山荘（1932年開業）を営む海野治良に助言を仰いだ。この装備品調達に際して海野は、当然ながら大阪本店の創業者・西岡一雄と相談した。西岡は、藤木九三らRCCの中核にあって、クライミングやスキー用具の調達に尽力した。京大の今西らとも昵懇で、AACK海外登山の装備品調達に協力していた。目指す山を異にし、組織間の交流は希薄でも、装備に関しては東西共通であったのだ。当時求め得る最高級の材料を用い、細部まで涙ぐましいまでの工夫を凝らしていた。

先発の山縣が6月24日、堀田らが7月12日に神戸を出港、8月10日にカルカッタで合流した。3人のシェルパと打合せ、インド通貨を準備し、荷物を発送して、13日に出発。汽車と自動車を乗継いでアルモラ着。ポーターを雇い入れ、食糧を調達して、19日にキャラバン開始、9月2日

1936年10月5日、ナンダ・コットに初登頂した立大隊。右から湯浅巌、山縣一雄、浜野正夫、シェルパのアンツェリン、座しているのが堀田彌一（竹節作太『ナンダ・コット登攀』より）

にBC設営に至る。

ルート偵察の結果、4つのキャンプ設営を決めて前進するが、シェルパのトップゲイの病気、難路、天候悪化などの障害に出遭う。大氷壁を突破、主稜尾根東北稜コルに第4キャンプを設営、28日からアタック・ルートの偵察。30日の第1回アタックは降雪で中途断念。10月5日に再度のアタック。14時55分、頂上から張り出した雪庇を割って堀田が這い上がり、5名が続く。

〈溢れ出て来る感激の涙は止め度がなかつた〉と、堀田は「ナンダコート日記」（「山岳」32－2）に記す。堀田は、50年を経た1986年に至ってようやく『ヒマラヤ初登頂』を著した。そして、この遠征で用いた彼の装備一式を、それを運んだトランクごと故郷富山県の立山博物館に寄贈した。

太平洋戦争前、唯一のヒマラヤ遠征は輝やかしい成功を収めて終る。

17　昭和前期の登山事情と出版

初の商業山岳雑誌「山と溪谷」

１９３０（昭和５）年5月、川崎吉蔵が本邦初の商業山岳雑誌「山と溪谷」を創刊した。川崎は、敬愛する田部重治を訪ね、彼の代表的著書の標題を誌名とする許諾を得たのだった。

川崎は東京の攻玉社中学時代から登山に親しみ、18歳の１９２５（大正14）年4月、冠松次郎の紹介を得て日本山岳会に入会。早稲田に進んで山岳部に入り、早稲田アルピニズムの洗礼を受ける。卒業が近づくが、折から世界大恐慌のさなかで就職先は得られない。若者らしい夢語りで口にした山岳雑誌刊行を周辺からも勧められ、23歳で「清水の舞台」から跳ぶ。

山岳団体にも学校山岳部にも所属しない一般登山者に〈研鑽〉と〈発表〉の場を、また〈総《あ》らゆる層の優秀なる人々の文献を一冊にして徹底的な廉価〉で提供すること。また〈ヤブ山のみを自己の山だと信じたり、高峻山岳のみを以ってたゞ「山」だと信ずる「小児病患者」を排撃〉して、〈「正しきアルピニズムの認識」を前提として真面目に「山と人との」対照を思索して行かねばならぬ〉と、川崎は創刊号巻頭の「信條」に記す。

大正期以降、都市を中心に各層へ拡がる登山愛好者に向けた「山と溪谷」創刊号の売行きは予測

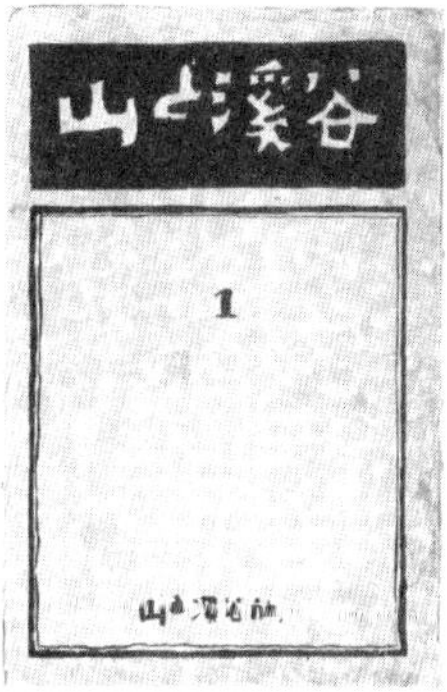

川崎吉蔵（1907〜77）と、1930年5月21日発行の「山と溪谷」創刊号

を超え、4日間で初刷りを売り尽くし2度も増刷したという。

第1〜3号では、早稲田大学山岳部OBによる激烈な日本山岳会批判を掲載するが、第4号で多様な登山家による「冬期登山座談会」を開催。これを転機に、出身大学や所属山岳会を問わず、幅広く執筆者を起用し始める。また、第3号で初めて「秩父特輯」を組む一方、32年から山岳映画会、33年から山岳写真展、35年に奥日光湯元で「家庭的スキー講習会」などを催す。

登山の大衆化と山岳雑誌・山岳書

川崎の成功が引金となって、昭和初期、登山・ハイキング雑誌の創刊が相次ぐ。1931年に「アルピニズム」と「山小屋」、32年に「ハイキング」、続いて33年には「ケルン」、34年に「山」、35年に「登山とはいきんぐ」、さらに39年に「山と高原」、42年に「探險」と続き、多様な山岳書刊行も併行する。

登山・ハイキング雑誌や山岳書の隆盛は、この時期の登山状況の多様化を反映している。明治期、「探検の時代」の登山は、一部の有産者やその子弟たちの趣味的活動に負うていた。大正、昭和初期になると、裕福な家に育った学生たちを主役に、アルピニズムに拠る尖鋭的な「岩と雪の時代」の活動が進展する一方、都市を中心にさまざまな階層の一般大衆の間にも登山趣味が浸透する。

日本山書の会が編んだ「近代日本山岳書一覧」(『世界山岳百科事典』)によれば、明治後期の15年間には刊行点数57だった山岳書は、大正期の15年で66に増える。ところが昭和期、『山と溪谷』創刊の1930年と翌31の2カ年だけで、右に匹敵する63点を数えるのである。

大衆の登山趣味は、谷川岳の岩場に果敢に挑むアルピニズム志向の活動からハイキングやツーリズムの要素が濃い活動のレベルまで、多様だった。彼らの多くは、本格的な山岳団体にも学校山岳部にも所属せず、同好者のグループや家族で休日登山を楽しむ人びとだ。川崎が記した「信條」は、状況を正確に捉えていて営業的成功も収めた。

こうした登山の大衆化に強い影響力をもったのは松井幹雄らの「霧の旅会」(1919年設立)である。激しいスポーツ登山の対極に立ち、自由な〈霧の旅〉と自然鑑賞、語らいと筆による発表を標榜、個性的な書物を生んだ。また田部重治は登山を、登頂だけではなく峠・高原・山湖・溪谷・森林を巡る「山旅」だとした。日本に伝統的な漂泊観にも通じるこの思想は、アルピニズムを先端で担う大島亮吉や伊藤秀五郎らをも捉えていた。

アルピニズム対低山趣味の応酬

一方、この登山の大衆化状況は、アルピニズムを担う一部登山家の苛立ちを誘う。ＲＣＣ設立メンバーの水野祥太郎は、１９２９年11月「ＲＣＣ報告」Ⅲに書く——〈お寺とお宮と紅葉と花に「登山」し、九百米《メートル》の山にアルプスを命名し、渓流を挟む五米の岩壁に大黒部の感激を伝へ、三米の「岩登り」に命を賭け、三百米の丘陵に「山岳スキー」の豪快を味ふ〉。これら〈登山家〉は、〈立派に「山」に登り、山の書籍をひもどいて「山」を味ひ、熱烈に「山」を宣伝し、熱心に「山」を吹聴〉する。〈だから、彼等は、「山」を知つてゐるのであり、「登山家」なんである。「山」、「山」、「午後三時の山」〉。

また、早稲田大学山岳部は、慶応・学習院や日本山岳会への対抗上、〈アルピニズムの大衆化〉を掲げた。だがＯＢの小笠原勇八は、１９３１年の登山状況を次のように認めざるをえなかった——〈所謂《いわゆる》登山大衆の圧力とかいふものは尚《なお》、低山を充分に推しあげてゐる。（略）充分社会的根拠があるせいか、（略）霧の旅会を筆頭に、都下の多くの山岳団体の主流は、依然低山に向つてゐるのが現在の情勢だ。得々として大菩薩を論じ、高尾山を談ずる人々は、永遠に消滅しさうもない〉。この状況を導いた『一日二日山の旅』の河田槙、雑誌「山小屋」編集の高畑棟材、『山と渓谷』（『日本アルプスと秩父巡禮』改題）の田部重治、詩人の尾崎喜八、中西悟堂、田中冬二や菅沼達太郎らの名と文筆活動を挙げ、〈低山礼讃と山の随筆は不思議な吸引力を持ってゐる〉、と結ぶ(『アルピニズム』六号)。

水野の苛立ちや小笠原の期待に反し、大衆はアルピニズムへではなく低山趣味へと多くが流れた。

●エピソードで読む登山史　「静観派」による山の文化イベント

1935(昭和10)年夏、霧ヶ峰で、後に「空前絶後」と評される「山の文化イベント」が開催された。「山の會」と称したそのイベントは、梓書房が発行する雑誌「山」の主催で、8月17日から22日まで、会場は強清水《こわしみず》のヒュッテ霧ヶ峰(翌36年12月焼失)だった。

イベントの中核は講演と講師同道の逍遥、懇談で、講師と演題は次の通り。

木暮理太郎「登山講義」——木暮は、日本の近代登山初期を担った代表的な登山家。田部重治と槍ヶ岳から立山・剱岳まで大縦走を果たすいっぽう、奥秩父の「深林と渓谷《たに》」を日本山岳美の典型として親しんだ。この年の暮れ、日本山岳会会長に就任する。当時62歳。

柳田國男「狩と山の神」——柳田は日本民俗学の祖とされる。『後狩詞記《のちのかりことばのき》』『遠野物語』そして『雪国の春』など、柳田の学問は山の民の生活・信仰・習俗を探る研究を起点とした。当時60歳。

武田久吉「山の草と木」——武田は日本山岳会設立発起人のひとり。明治期のイギリス駐日公使E・サトウの息子で植物学者。尾瀬のダム計画に対して、地元・長蔵小屋の平野長蔵とともに反対運動を展開、阻止を勝ちとった。当時52歳。

藤原咲平「山の気象」——藤原は東京中央気象台（現、気象庁）台長で、当時、日本一の「お天気博士」だった。霧ヶ峰登山口に当たる角間新田の出身で、霧ヶ峰が、グライダー滑空の適地だと提言した。甥に作家の新田次郎。当時51歳。

ほかに、受講者として参加した尾崎喜八が「山と芸術」を、中西悟堂が「野鳥の話」を講じている。尾崎は紀行文集『山の絵本』を刊行したばかりの白樺派詩人で当時43歳。中西は詩人で、「日本野鳥の会」を主宰する鳥の研究家でもあった。当時40歳。

このイベントの発案者は梓書房社長・岡茂雄である。岡は「山」の執筆者と読者の交流を図るとともに、常連執筆者・長尾宏也の山小屋経営支援を目論んだ。

1932年、長尾宏也が霧ヶ峰・強清水に建てた霧ヶ峰ヒュッテ。36年12月に消失した（岡茂雄『新編 炉辺山話』より）

具体案の作成を命じられた編集長・石原巌は、作家・深田久弥を相談相手とした。後年、『日本百名山』を著わす深田は、当時32歳。このプラン策定に協力したばかりでなく、在住する鎌倉を中心に文士仲間をイベントに誘った。

当時、中堅あるいは新進と目され、太平洋戦争後には大家・巨匠と仰がれる人多数がこの時期ヒュッテに滞在し、参加した。小林秀雄、大岡昇平、青山二郎、中村光夫、北畠八穂（深田の妻）ら錚々たる顔ぶれ。さらに農政家・石黒忠篤、地理学者・飯塚浩二、そして登山家で新聞聯合（現、共同通信）記者の松方三郎、女流登山のパイオニア・村井米子など多士済々だった。

このイベントは、いわゆる「静観派」と呼ばれる系譜の人々によるパフォーマンスである。登山をスポーツとするアルピニズムの対極にたち、山と登山、自然と人間との交流をじっくり味わい、その成果を文学、絵画など芸術にまで高めて発信しようとする。この系譜は、現代にも確かに受け継がれて健在である。たとえば、尾崎喜八が命名したヒュッテ・ジャベルで、2005年10月以来、毎秋開催している「霧ヶ峰・山の會」に見られるように。

戦争にゆがめられた登山文化と奪われた命

昭和初期の日本。登山界の状況は、各大学山岳部がヒマラヤをめざす活動を競い合い、また大衆登山は、大正期から続くブームをさらに発展させていた。だが、一方で軍国主義が台頭し、中国大陸への侵略を拡大させていた。

1931（昭和6）年の満州事変、32年の「満州国」建国で日本は国際的孤立を深め、33年、国際連盟を脱退。立大によるナンダ・コット初登頂の36年、日本はドイツと防共協定を結ぶ。37年から日中戦争を本格化、41年12月のハワイ真珠湾奇襲から西太平洋全域におよぶ戦争へ。そして45年8月に敗戦へと転げ落ちる。

このような状況下、登山は、戦争と国家総動員法（1938年制定）の下、戦時体制に組み込まれ、その理念も登山方式もすべてがゆがめられてしまう。もちろん、ヒマラヤへの道も閉ざされた。ヨーロッパから移入した近代登山は、本来、自立した個人による自由な活動を基盤とする。ところが1935年ごろから、山岳雑誌などでは、その個人主義や自由主義を否定する論調が目立つようになる。41年6月に刊行の浦松佐美太郎『たった一人の山』を、内閣情報局は「欧米的な個人主義にすぎる題名」だと非難した。

また、「皇国登山道」と称して、天皇の臣民たる国民が持つべき登山精神を、熱っぽく説く登山家や歌人、詩人も現われ始めた。「日本アルプス」は「中部山岳」と改称され、大学の「ハイキング部」は山岳部と統合のうえ「山岳行軍部」と改称された。さらに、登山は戦争のために国民、特に若者の心身を鍛える場であるとして、「集団錬成登山」や「行軍登山」の励行が声高に叫ばれていった。「戦技スキー」と称して、銃や弾薬を背負い、軍旗を掲げる訓練ツアーも行なわれた。

個人的に登山を楽しむ者は、「非常時をわきまえね非国民」と見なされた。在郷軍人会や青年団は登山口に「関所」を設けてこの「非国民」を待ち受け、「戦時報国債券」を買わせた例も少なくなかった。これに対して、「登山報国」と大書した幟《のぼり》を旗指物《はたさしもの》のようにザックに取り付け、軍隊式の敬礼をして「関所」を通り抜けた知恵者もいたという。

さて、鹿島槍ヶ岳の登山口・鹿島集落の民宿・鹿島山荘には、昭和初期以来の「登頂者名簿」があった（現在、大町山岳博物館に収蔵）。その43（昭和18）年9月12日のページに、立教大学山岳部の斉藤篤が書いている――「アト20日アマリデ入隊デス……明日帰京シマス。鹿島ノ里ヨ永久ニ美シク、鹿島槍ハ永久ニ高クアレ。再ビ訪レルノハ、何時ノ日ゾ」。そして同年11月25日、同じ立大の薄井雄次も書く――「ここにもお別れです。何時の日か、また鹿島に来られるだろう」。だが、戦後も続いているこの名簿に、ふたりの名が再び登場することはなかった。西本武志『戦火に散った岳人たち』（2012年、私家本）中の「戦没岳人・人名録」立教大学の項には、ナンダ・コットの山縣一雄とともに薄井雄次の名がある。

戦争は、山を愛したすべての人々を戦場へ駆り立て、山から登山者の姿を消し去っただけでなく、多くの命を奪って、永遠に帰さなかった。

第4部 多様化する登山

土合駅では、列車が到着すると登山者がホームから溢れた。1958年8月撮影

18　復興の足音

日本登山史年表の１９４５（昭和20）年8月の項に、「田口二郎、高木正孝がヴェッターホルン北壁を登攀」とある。しかしこれは、アメリカが原子爆弾を投下して日本が降伏、ようやく戦争が終わった年月ではないか？　実は同盟国ドイツは同年5月に降伏し、すでにヨーロッパでは、戦争は終わっていたのだ。ベルリン大学留学中だった高木は、敗戦を見越して中立国スイスへ移動。新聞社の特派員として駐在する田口を頼った。

田口は旧制甲南高校、高木は旧制成蹊高校の山岳部で活躍後、ともに東大に進むと「山の会」で、ザイルを結び合う仲となった。田口はロンドン大に留学して、兄・一郎とアルプスに親しんだ。いっぽう高木は、ドイツ・オーストリア山岳会からガイド資格を認められるほど、アルプスに精通していた。１９４７年、ふたりはスイスから帰国、52年のマナスル登山踏査隊および翌53年の第１次隊に参加する。

敗戦後の荒廃から再び岩と雪を目指す

さて、「国破れて山河あり」の日本国内では、山岳雑誌が本格的な登山活動の復活に先んじた。「山と溪谷」は、戦時中、類誌との統合を強いられていたが、１９４６年1月、早々と復刊を果たした。次いで47年5月、京大の伊藤洋平が「岳人」を創刊。「岳人」の創刊号は、1947年春、関西登高会が敢行した積雪期・剱岳～槍ヶ岳縦走の記録を特集して、「登山復活」を宣言した。関西登高会は、スキーを駆使し雪洞泊を重ねる方式をとった。新村正一ら6人は、早月尾根から剱岳に登頂、立山を経て縦走を続け、薬師岳を越えて槍ヶ岳に至った。食料や装備が十分に整えられなかった当時、快挙といえる山行だった。

戦前、ヒマラヤをめざして磨いた極地法を、もっとも早く復活させたのは早大だった。1947年末～48年初、北海道・日高山脈のペテガリ岳登頂を果たし（厳冬期初登は、43年1月北大による）、この成果を、53年、戦後初の本格的な海外登山（南米・アコンカグア）に結びつけた。

極地法による活動は、法大の剱岳（51年）と白馬岳～前穂高岳（53年）、京大の知床半島（52年末～53年初）など、相次いで復活していく。

いっぽう岩登りでは、戦中の1944年、安川茂雄が谷川岳幕岩、伊藤洋平は前穂高岳・屛風岩北壁に新ルートを拓いていた。

そして1947年、屛風岩に伊藤洋平が戻ってくる。まずは、岩稜会の石岡繁雄ら3人による中央カンテ登攀を助けると、翌春には、戦中に拓いた北壁ルートの積雪期初登に成功してみせた。

『風雪のビヴァーク』

社会人団体の東京登歩渓流会会員で、東京農大山岳部員の松濤明は、戦前から卓越した登攀を重ねた後、兵役に就いたが、1948年には八ヶ岳東面に戻って、その年の瀬～49年初に槍ヶ岳・北鎌尾根に向かった。さらに東京登歩渓流会の僚友・川上晃良は、谷川岳・一ノ倉沢で鳴らしたクライマーだったが、51年2月、厳冬期の利尻山に未踏ルートから登頂、健在を示した。

登歩渓流会は、東京・日本橋の商店主や商店員などをメンバーとして1928（昭和4）年に結成された〝町の山岳会〟のひとつである。1931年上越線が全通し、谷川岳は時間的制約の多い〝実業登山家〟にとって、本格的な岩登りも可能な山として一挙に注目を集める。杉本光作、山口清秀らがリードする登歩渓流会は、谷川岳の登攀ルート開拓に情熱を注ぎ続け、それは『谷川岳』（36年刊）の刊行に結実する。

16歳の中学生だった川上が入会したのはこのころである。スキー列車で土合の講習会に参加し、偶然出会った山岳画家の茨木猪之吉にクライミングの修練を積むよう諭されたのがきっかけという。2年後の1938年、川上は初夏の一ノ倉で〈無茶苦茶に登っている〉中学生――16歳の松濤と出会う。ふたりは〝よきライバル〟として競い合い、戦争による中断から復活を果たした。

戦前の登歩渓流会が示した精力的な活動のバネは、大学山岳部を中核とする日本山岳会への対抗

1949年1月、槍ヶ岳北鎌尾根で遭難した松濤明が残したピッケルと手帳

意識に潜んでいたかもしれない。アルピニズムを担うに足る力量を、社会人のわれわれも谷川岳で実証しよう、と。

　そうした登歩渓流会に流れる意識を松濤も継承した——「優秀な案内人に引き上げられて登って、真の登山といえようか。金《かね》で登っただけではないのか」。松濤は大学山岳部が熱中する極地法登山には批判的であった。最後の山行となった北鎌尾根～槍～穂高～焼岳の厳冬期縦走計画は、サポートも山小屋もいっさい排除して、自力のみを頼るアンチ・テーゼの実行だった。

　有本克己と北鎌尾根登攀中、猛吹雪に遭い千丈沢で遭難、その死に至る状況を克明に認めた遺書を残す。それは『風雪のビヴァーク』（登歩渓流会編／のちに『風雪のビバーク』として朋文堂が刊行）と題され、今日なお読み継がれ、井上靖『氷壁』のモデルともなった。

エピソードで読む登山史　ナイロン・ザイル切断事件。岩稜会21年の苦闘

1955（昭和30）年1月2日朝、前穂高岳東壁を三重県・岩稜会の3人のパーティが登攀中、先頭を登っていた若山五朗が墜落死する事故が起こった。

当然のことながら、岩壁や氷壁登攀は、常に墜落の危険を伴っている。クライマーはそのリスクを回避するため、技術を磨き、知識を身につけ、メンタル面を強固に鍛える。そして、信頼するザイルを命綱として使用し、パートナーと体を結び合う。

この登攀に際して、岩稜会は東京製綱が製造した直径8ミリのナイロン・ザイルを使用していた。ナイロンは天然繊維の絹に似ているが、絹よりも軽くて強い。こんなナイロン・ザイルがクライミングに使われ始めたのは、1951年ごろ。戦前から多用されてきたマニラ麻ザイルに比べて抗張力は若干劣るものの、衝撃吸収能力は3倍以上あるとされていた。

リーダー石原国利の報告書――1月1日朝から厳冬期未踏のルートを登るうち天候が悪化。頂稜まで40メートルほどを残し、凍った岩棚でツエルト（簡易テント）を被り夜明けを待った。2日朝、登攀を再開したが石原は突起で難渋。ここでトップを交代した若山は、突起右手の壁に取り付くが、左足を滑らせる。50センチほど左下へ振られた時、ザイルが切れて転落。確保のザイルを持つ石原には、若山がぶら下がったショックはなかった、という。

岩稜会代表で若山の実兄の石岡繁雄は、岩角に糸くずが残っていたことから、ナイロン・ザイルは岩角に弱いのではないかと考えて、実験を行なって確かめた。これに対して東京製綱は、同年4月、自社の蒲郡工場で、マニラ麻とナイロンのザイルの強度を比較する「公開実験」を行なった。実験の指導には工学博士で大阪大学教授、日本山岳会関西支部長の篠田軍治が当たった。結果は、90度の岩角はもとより、45度の岩角でさえ「ナイロン・ザイルは切れない」だった。

7月、若山の遺体が発見される。ザイルはきちんと体に結ばれ、切れないはずのナイロン・ザイルは階段状に切断されていた。石原の報告書通りだった。

ところが遺体が発見された後も、公開実験の結果ばかりが重んじられ、岩稜会へは非難が集中した。ザイル操作のミス、虚偽の報告書捏造、インチキな石岡実験、さらには遺体に工作を施した……など。

しかし、岩稜会はひるまなかった。メーカーと篠田教授が、実はナイロン・ザイルが90度の岩角でさえ切れるのを承知しており、公開実験であらかじめ滑らかに面取りした花崗岩を用いたことを突き止める。事件は、大逆転へ動き始めた。

1973年、登山用ロープは消費者生活用品安全法の対象とされ、安全基準を満たさない製品は販売することができなくなった。東京製綱は岩稜会に陳謝し、そして事件から21年を経た76年、日本山岳会も篠田の登山ロープ論を掲載した『山日記』を訂正の上、陳謝した。

19　マナスル登頂と登山ブーム

ヒマラヤの夢再び

京都学士山岳会（ＡＡＣＫ）の今西錦司が、ヒマラヤのマナスル（８１６３メートル）に注目し始めた１９５０（昭和25）年ごろ、敗戦国である日本は、まだ連合国軍の占領下にあった。それゆえ彼らが戦争のため断念したヒマラヤ登山の夢を再び実現しようとしても、現実には登山許可を得る外交手段はなかった。これを打開したのが、同じＡＡＣＫの西堀栄三郎だった。

１９５２年１月、西堀はインドで開催された学術会議出席の機にネパールに入国すると、同国の王室や政府と直接交渉を重ねて、マナスルの登山許可を申請、ようやく許可を得た。しかし今西は、マナスル登山はＡＡＣＫの手にはあまると判断、この権利を日本山岳会に譲った。

日本山岳会は、会長・槇有恒の下、さっそくヒマラヤ委員会を設け、計画を具体化した。まず１９５２年秋、今西を隊長とし、東大ＯＢの田口二郎、高木正孝らを加えた６名の偵察隊を現地に派遣。今西らは、マナスル北東面に登頂可能ルートを発見する成果を携え、帰国した。続く53年、第１次隊（隊長・三田幸夫）派遣。彼らは偵察隊発見のルートを進み、３名が頂上をめざしたが、７７５０メートル地点で断念。さらに54年の第２次隊（隊長・堀田彌一）では、山麓のサマ集落住民の猛反対に会い、登山自体を断念した。

「背水の陣」の3次隊が登頂

当時ヒマラヤでは、1950年にフランス隊が人類初の8000メートル峰・アンナプルナ（8091メートル）を初登頂。53年にはイギリス隊が世界最高峰のエヴェレスト（8848メートル）初登頂を果たしていた。各国が競って8000メートル峰をめざす時代に入って、マナスルにも登山申請が相次いでいた。そんななか、56年に派遣された日本山岳会第3次隊（前年に先遣隊を派遣）は、会長の槇を隊長にすえたまさに「背水の陣」だった。

隊は、極地法登山で鍛えられた大学山岳部OBら12名で編成された。彼らは、実に第6次キャンプまで設営。5月9日、まず今西壽雄とシェルパのギャルツェン・ノルブが、続く11日には、加藤喜一郎と日下田実が、首尾よく登頂を果たした。こうして偵察行以来、実に5度目の挑戦でついに日本登山界悲願の8000メートル峰の登頂は達成された。

1956年5月9日、マナスル登頂。頂上に立つギャルツェン・ノルブ
（日本山岳会編『マナスル1954－6』より）

この歴史的快挙は、日本登山界にこれまでにない高揚をもたらした。ヒマラヤへ、アルプスへ、世界の山域へ、日本人の本格的な登山活動が拡大し、国内でも空前の登山ブームを巻き起こした。

1949年夏、敗戦による自信の喪失や沈滞した暗いムードを吹き飛ばす、「フジヤマのトビウオ」古橋広之進の活躍に日本は湧いた。同年秋、今度は湯川秀樹が中性子論によるノーベル物理学賞を受賞、多くの国民を勇気づけた。そして56年のマナスル登頂の成功。これらを併せて「戦後三大快挙」と呼んだりする。

ちなみに日本は、51年の対日講和条約調印を経て、52年、戦後初のオリンピック参加。国際連合への加盟は、マナスル登頂と同じ年の12月だった。

空前の登山ブーム

マナスルは8163メートル、標高では8番目に当たる。ヒマラヤに14座を数える8000メートル峰に初登頂した国のなかで、日本は、フランス（1950年・アンナプルナ、55年・マカルー）、イギリス（53年・エヴェレスト、55年・カンチェンジュンガ）、ドイツ（53年・ナンガ・パルバット）、イタリア（54年・K2）、オーストリア（53年・ナンガ・パルバット、54年・チョー・オユー）、スイス（56年・ローツェ）に次ぐ7番目の国だった。

当時の日本は、敗戦から11年が過ぎ、産業や経済の復興ぶりも顕著となっていた。この年の7月に発表された政府の『経済白書』は、「もはや戦後ではない」と回復による成長の終息と産業近代化の必要を謳っている。

さて、マナスルの登山報告講演会や記録映画『マナスルに立つ』の上映会などは、全国各地で熱烈な歓迎を受けた。そして、経済復興の進展とともに、すでにその兆しを見せ始めていた登山ブームが、このマナスル登頂成功をきっかけにして、爆発的に拡大する。それは、１９２０年～30年代とは比べものにならない、まさに空前の登山ブームとなり、スキーを併せて、この国の新しい時代をつくり出していった。

マナスル初登頂が成った１９５０年代後半、さまざまなメディアが登山を題材に取り上げた。井上靖『氷壁』が「朝日新聞」に連載されたのは、56年11月から翌57年8月まで。ナイロン・ザイル切断事件を軸に展開する恋愛小説で、ラストには「風雪のビヴァーク」を採り入れた。直ちに単行本となり、58年映画化されて人気を博し、登山ブームの火付け役の一翼を担ったと目される。

フランスのクライマー、ガストン・レビュファ著『星と嵐』、ドイツ・オーストリア登山隊のナンガ・パルバット登頂者、ヘルマン・ブール著『八千メートルの上と下』の訳書刊行は、ともに１９５５年。リオネル・テレイを主役とするフランス映画『アルピニスト岩壁に登る』の公開は59年で、文部省特選だった。

熱にうかされたように人々は登山に雪崩をうち、巷では「三人寄れば山岳会」といわれたように、同好会、クラブなどが出現して60年代を覆い、70年代に至ってようやく下降線をたどる。

スキー・ブーム

スキーもまた、狂躁状態を生み出した。一挙に40基を超すリフトが各地のスキー場に設置されたのも1956年で、以後70年代初頭まで、ロープウェイをあわせて倍々ゲームが続く。

この国のスキー史をたどると、大きな波は2度ある。最初は明治初期、レルヒらによる伝授である。ここから「スキーで雪山へ」の活動が、大正期~昭和初期に続く。旧制高校、大学山岳部の学生やOBを主役とした「岩と雪の時代」の雪山登山は、そのほとんどがスキーを用いている。

ついで1930(昭和5)年、オーストリアのハンネス・シュナイダー来日が画期となる。彼はオーストリア系の滑降技術を集成して、シュテム・クリスチャニア中心のアールベルク・スキー術を生み出した。映画『エンガディンの狐狩』(21年)や技術書『スキーの驚異』(28年)などで、すでに知られてはいたが、菅平、野沢温泉、妙高・池ノ平、十勝の吹上温泉で実技指導したほか、各地で妙技を披露し、大きな衝撃を与えた。

この1930年代半ば以降、戦争本格化以前まで、スキーは大きな広がりを見せる。女性スキーヤーが週刊誌の表紙を飾り、文部省唱歌も生まれる。深田久弥や小林秀雄ら、文学者のなかにも少なからぬすスキー愛好家があった。

1960年代、列車を待つスキー客で溢れる週末の夜の上野駅

戦後のスキー・ブームの契機として挙げられているのは、1956年、コルチナ・ダンペッツォの冬季オリンピックである。猪谷千春が回転競技で銀メダルを獲得し、アルペン種目三冠王、トニー・ザイラー主演の映画『黒い稲妻』『白銀は招くよ』がブームを刺激した。

さらに、アールベルク・スキー術を正当に受け継ぐ第一級の指導者が来日し、各地で技術指導に当たった影響も多大である。1958年のルディ・マット、63年のクルッケンハウザーなどが挙げられる。だが、多くのスキーヤーは圧雪したゲレンデに閉じこもって、滑り降りる快感のみに浸っていて、冬山ツアー愛好者と二極化して現在に至っている。

ブームがもたらしたもの

人びとは、交通機関や宿泊施設の拡充を待てずに、次々と山へ押し寄せた。登山者のための臨時列車が走り、直通列車も大幅に増便された。貸切りの大型観光バスが全国を走り回るのも、このころから。ブームは、当時の国鉄、私鉄、旅行会社はもとより、新聞社や出版社をも巻き込んで、雪だるま式に拡大していった。山小屋の新設や大規模化、新道開通が相次ぎ、３０００メートルの山中に収容１０００人超の宿泊施設まで出現した。旅館はマンモスホテルへと変容し、民宿は旅館へと専業化する。さらには農林業から観光業への生業転換もあちこちで起こった。この異常ともいえる急激な膨らみや性急な転換が、ほぼ半世紀を経た今日、深刻な問題を投げかけている。

登山やスキーにかかわる装備品や服装の開発・改良は、このころから内外競い合って変転目まぐるしい。そして、この登山ブームは、観光業以外の分野へも大きく波及した。

その代表例が、山岳書である。印刷物が主要なメディアでありえたこの時代、古今東西の山岳書が、多くの人々を惹きつけた。登山家たちが自らの活動にこめた多彩で奥深いロマンティシズムやヒロイズム。多くの人々が、そんな文章に浸っては「想像の登山」を楽しみ、また、鮮やかで美しい山岳写真を眺めては、遥かな峰々に想いを馳せた。山岳雑誌は百花繚乱といった状況を呈する。

映像や映画で登山を楽しむ人々も多かった。塚本閤治、福原健司、中沢義直らの作品上映会は、常に満員の観衆を集めて、感銘を与えた。山岳写真の分野も著しく成長した。画家・畦地梅太郎の「山男」シリーズも、この時期に登場して人気を呼び、坂本直行、上田哲農、辻まことなどによる個性豊かな画文とともに今日に続く。

海外へ注ぐ熱い眼差し

マナスルへ、日本山岳会は1952年の偵察隊以降、5年続けて登山隊を送り続けた。同時期、ヒマラヤへ登山隊、学術探検隊を前後3回派遣したのは、京都大学と由縁のAACKである。この状況は、ヒマラヤに憧れ、ヒマラヤ登山を夢見る登山家たち、とくに社会人のあいだに羨望、切歯扼腕、慨嘆を生んだ。ヒマラヤは、多人数による極地法の展開が可能で、多額の資金調達ができ、外貨持出許可を得やすい名門、大組織にのみ遠征が許される領域なのか、と。

しかし1958年、このムードを打ち破るアンチ・テーゼを実践してみせた快挙があった。作家・深田久弥を代表とし、画家・山川勇一郎、写真家・風見武秀、医師・古原和美から成る「ヒマラヤン・カルテット」が敢行したジュガール、ランタン両山群の踏査行である。かねてから「ヒマラヤ30万円説」を唱える深田は、熱意と知恵と身の丈に合う計画とによって、みごとに自説を立証した（ちなみに58年のサラリーマン平均月給は1万6608円、2012年は32万6000円）。平均年齢45のパーティは、往路は船便にするなど費用削減に務め、登頂せず、氷河をたどって山群を探り、3カ月に及ぶ旅の成果を、翌年『氷河への旅』、『雲の上の道』として出版した。

1959年、この行に倣い、成果をそっくり活かしたのが、長野県の飯田山岳会「ランタン・ヒマール学術調査隊」（隊長・山田哲雄ほか隊員5人）によるサルバチョメ（6918メートル）登頂とランタン谷踏査である。また、62年、全日本山岳連盟隊によるビッグ・ホワイト・ピーク（ジュガール山群、６９７９メートル〈当時７０８３メートル〉）登頂も、深田隊の踏査に導かれた成果のひとつである。

１９６０年代以降、その規模、レベル、目的さまざまな日本人の登山活動が、ヒマラヤをはじめ、アルプスの岩壁、アンデス、ロッキーへと拡がり盛況を見せる。

さて、ここで南極観測にふれておこう。１９５５（昭和30）年、日本は国際規模の地球観測に参画すべく、南極観測参加を表明した。観測船「宗谷」の耐氷船改装の準備を経て、白瀬矗による探検から45年ぶりの57年に第１次南極地域観測隊（隊長・永田武、当初は南極地域観測予備隊）が南極の地に立つ。副隊長の西堀栄三郎ら登山家、佐伯富男ら立山ガイドたちが氷雪の登山経験を活かして昭和基地設営に当たり、西堀ら11人が初の越冬に臨んだ。68年には、第９次観測隊が雪上車で極点に至ったが、その隊長は登山家の村山雅美であった。

20　社会人の台頭とRCCⅡ

新しい岩壁登攀の潮流

1958（昭和33）年1月、東京に「第2次ロック・クライミング・クラブ」（RCCⅡ）と名乗る山岳団体が誕生した。RCCは、遡ること34年前の1924（大正13）年、神戸に設立された社会人山岳団体である。RCCは岩登りと雪山登山を専門として、当時の山岳界で先端の活動を担った。新団体は、その前衛精神を受け継ぐものであり、実際、困難な岩壁や、冬期の新ルート開拓に積極的な社会人団体のリーダーを多く集めていた。

この2年前の1956年5月、日本山岳会の登山隊がマナスルの初登頂を果たした。それは、昭和初期に大学山岳部で始まり、太平洋戦争後も引き継がれた「極地法登山」による成果だった。だからといって、日本の登山界が極地法一色に染まっていたわけではなかった。

極地法は組織を頼り、これを最重視する方式である。少なからぬ人員を必要とし、メンバーは計画に従ってローテーションに組み込まれ、行動も管理される。それは自立・自由を旨とする登山の基本理念に反するうえ個人が組織に埋没する、とアンチ極地法主義者は批判的だった。個人の力量を重視し、小人数または単独の登攀こそが登山の本道だ、と考える者も少なくなかったのだ。この思想は、戦前の加藤文太郎、これを継いだと目される松濤明らに連なる。

この思想を後押ししたのが、当時、出版されたアルプスの岩壁や氷壁クライミングをテーマとした翻訳書である。スケールが大きく、難度の高いクライミングが、彼らのロマンティシズムやヒロイズムを呼び起こした。たとえば、G・レビュファ『星と嵐』(仏)、J・コスト『アルピニストの心』(仏)、F・ロッシュ『ザイルのトップ』(仏)、A・ヘックマイヤー『アルプスの三つの壁』(独)、G・レイ『アルピニズモ・アクロバチコ』(伊)などなど。

社会人登山家は、時間の制約などの理由から、大学山岳部のように長期の共同行動はとりにくい。また、人員の確保にも制約がある。手近な山域で、個人の力量を磨く活動が中心になるのは当然のなりゆきだろう。RCCⅡは、ほかの社会人団体にありがちな閉鎖性を嫌い、また、出身校別タテ系列化の傾向も破ってみせた。一国一城の主や一匹狼をヨコに結んで、登山界の中核形成をめざしたのである。

奥山章、二宮祥太郎、芳野満彦らが奔走して、戦前のRCC創設者である藤木九三や作家・深田久弥の支援を得る。初代代表に岡部一彦、オピニオン・リーダーの安川茂雄を看板として船出した。当初は研究中心のサロン的組織を構想していたが、設立直前には、所属を問わない自由なパーティで、北岳バットレス中央稜の厳冬期初登攀を達成したほか、古川純一、吉尾弘、松本龍雄、芳野満彦らは、次々と困難な岩壁の積雪期初登攀に挑んだ。

松本龍雄は1958年6月、日本で初めて、割れ目のない岩壁に穴を開けて打ら込む埋込みボルトを使って谷川岳一ノ倉沢コップ状岩壁正面壁にルートを拓く。RCCⅡには参加しなかったが、東京雲稜会の南博人は、59年、ボルトを使って屏風岩東壁、一ノ倉沢衝立岩正面壁を登攀。オーバーハング越えの初登攀も相次いだ。

また、設立の趣旨のひとつである登山の研究組織としては、会報「RCCⅡ時報」を発行、『ルート図集・日本の岩場』も編集した。また、1966年以降は、日本人に縁遠かった中央アジア山域（カフカス、パミール）にも、4回におよぶ遠征を積み重ねた。

1958年6月21日、谷川岳一ノ倉沢コップ状岩壁正面壁のオーバーハングを登攀する雲表倶楽部・松本龍雄ら（右）と東京緑山岳会・山本勉ら（左）
（寺田甲子男『谷川岳大バカ野郎の50年』より）

アルプス三大北壁の栄光と悲劇

日本人クライマーがヨーロッパに進出し、「アルプス三大北壁」の登攀を始めたのは1960年代に入ってからである。

アルプス三大北壁――スイス・ヴァリス山群に位置し、イタリアとの国境にそびえるマッターホルン

(4478メートル)、その北壁は標高差1200メートル。スイス西部、ベルナーオーバーラント山群中のアイガー(3970メートル)は、北壁の標高差1800メートル。そして、フランス・イタリア国境にそびえるモン・ブラン山群のグランド・ジョラス(4208メートル)の北壁は、標高差1200メートル(ウォーカー側稜)。

どれも容易には人を寄せつけない壁である。アルプス初登頂の歴史の掉尾は、1865年のウィンパーによるマッターホルンである。だが、それぞれの北壁の初登攀は、マッターホルンが1931年、残りの2峰が38年。すなわち、初登頂の成功から北壁征服の間に、実に70年もの歳月を要したことになる。

さて、日本人クライマー最初の北壁登攀の成功は、1965(昭和40)年8月、ともにRCCⅡの同人だった芳野満彦と渡部恒明によるマッターホルンである。ヘルンリ小屋から2泊、正味30時間40分を要して、ふたりはとうとうその頂上に立った。芳野は、妻宛てに電報を打っている――「ツェルマットヨリ　アイヲコメテ　ワレキタカベニセイコウセリ」

芳野は、高校時代に八ヶ岳で遭難し、僚友を失うと同時に、自身も凍傷のため両足先を切断していた。しかし、特製の登山靴を誂えると、歩行はよちよちだが腕を鍛えて、足のハンディを補う岩登りに専念。北岳バットレスや劔岳・チンネなどに、冬期の初登攀を記録してきた。

また、芳野は、このマッターホルン北壁登攀以前の1963年夏～64年夏に二たび大倉大八と組んでアイガーに挑んでいた。しかし、いずれも天候悪化に遭ったために撤退。登攀には失敗したが、この壮挙は日本山岳界に多くの教示をもたらした。

まず日本人クライマーの登攀技術が、アルプスの難壁でも通用することを実証した。また、大学山岳部を主体にした極地法によるヒマラヤ登山盛行の時代、組織も資金も薄弱で時間的制約に悩む社会人登山家の山岳活動の方向性を明示した。そして、集団や組織に頼ろうとする登山界の風潮に、技術を磨いた個人を組み合わせるパーティの有効性を実践してみせた。

マッターホルン北壁（右）

マッターホルン北壁を征服した渡部は、その6日後、今度は高田光政と組んでアイガーの北壁に挑んだ。しかし4日目、山頂へ抜ける割れ目から登り始めたところで墜落し、動けなくなる。やむをえず高田は単身で頂上に達すると、救助を求めて徹夜で山を下った。だがその翌日、渡部はさらに1200メートルほど落下した地点で、すでに冷たくなっていた。

さて、残るグランド・ジョラス北壁のウォーカー側稜は、1966年8月、独標登高会の伊藤敏夫、石井重胤、伊佐忠義が4度のビバークに耐えた末、登攀に成功した。

21　登山の高度成長期

エヴェレスト登頂

１９７０（昭和45）年5月、世界最高峰・エヴェレストに日本人が初めて登頂した。11日、日本山岳会隊の松浦輝夫と植村直己が初登頂、翌12日には平林克敏とシェルパのチョタレーも頂上に立った。この山の初登頂は、53年のイギリス隊による。以後、スイス、中国、アメリカ、インドの登山隊が登頂に成功し、日本は6番目の登頂国となった。ネパール政府は、中国・チベットとの国境問題に起因して65年から領内の登山を禁止していたが、それが解けた翌年であった。

中国・ネパール国境にそびえるこの山を、チベットでは「チョモランマ」、ネパールでは「サガルマータ」と呼んできた。「エヴェレスト」というのは、植民地支配時代のイギリスが、世界最高峰と確認して、１８６５年にインド測量局長官の名前を当てた呼称である。

さて、日本山岳会のエヴェレスト登山隊は、隊長・松方三郎、登攀隊長・大塚博美の下、総勢39名。海外登山経験豊富な大学山岳部ＯＢを主体に、社会人登山団体からも選抜したオールジャパン態勢だった。サウス・コル経由のイギリス隊ルートから頂上をめざしたほか、当時、まったく手つかずだった南西壁のルートをも拓くべく、果敢に挑んだ。

エヴェレスト南西壁は1975年イギリス隊（C・ボニントン隊長）によって初登攀された（大森弘一郎撮影）

その装備・食糧は、実に総量32トンにおよび、高度経済成長に支えられた「史上最大規模の物量作戦」といわれた。新聞社特派員は「ベースキャンプになかったのは歯の治療台くらい」「ネパールでは数都市にしかない電灯を灯す発電機がうなりを上げ」などと揶揄もした。

登山方式には、極地法が採用された。空気が薄くなる高所では、背負った酸素ボンベと、ヘルメットに内蔵したエコノマイザー（酸素と大気を混合する装置）、H型マスクとのセットを用いた。これらの登山方式・装備は、1950年代から各国で採用され、改良を加えながら8000メートル峰初登頂を実現させてきたものである。

この後、日本のヒマラヤ高峰登山は大学山岳部OBを中心とする日本山岳会隊や大学山岳部の隊と、社会人山岳会を母体とする登山隊の二つの流れが併行する。マナスルでは、1971年東京都岳連隊のマナスル北西稜（隊長・高橋照）、エヴェレストでは、70年スキー隊（隊長・三浦雄一郎）、73年RCCⅡ

隊（隊長・水野祥太郎）。70年エヴェレストでは同時期に日本山岳会東海支部が独自にマカルー南東稜登山隊（隊長・伊藤洋平）を派遣している。

大登山隊による８０００メートル峰登山は、１９７３年ヤルン・カン（京大）、76年ナンダ・デヴィ縦走（日本山岳会）、77年Ｋ２（日本山岳協会）、78年ダウラギリⅠ峰南稜（イエティ同人）、80年チョモランマ（エヴェレスト）北面（日本山岳会）、84年カンチェンジュンガ縦走（日本山岳会）、88年エヴェレスト交差縦走（日・中・ネ三国合同）……、そして95年マカルー東稜（日本山岳会）、96年Ｋ２（日本山岳会青年部）へと続く。

ヴァリエーション、アルパインスタイル、無酸素

初登頂をめざす登山では、容易で確実なルートが選ばれる。それが達成されると、登山家は「より困難な」ルートを求め、「より苛酷な」負荷を自らに課すのが常だ。ヒマラヤ８０００メートル峰ヴァリエーションでは、１９７０年、英国隊（隊長・C・ボニントン）のアンナプルナⅠ峰南壁、ドイツ・イタリア隊（隊長・K＝M・ヘルリヒコッファー）のナンガ・パルバット南面ルパール壁、71年、フランス隊（隊長・R・パラゴ）のマカルー西稜から新たなステージが登場する。

だが困難になればなるほど、キャンプ設営やルート工作、荷揚げなどの負担は増大する。この難点を打開しようと、70年代の半ばに登場したのがアルパインスタイルだった。これは、ヨーロッ

パ・アルプスと同様にヒマラヤでさえも、短期間・小人数で登ろうとする方式だ。ポーターに依存する荷揚げや固定ロープ、キャンプの事前設営、酸素ボンベの使用などを排して、いったん高所順化を果たしたら一気に頂上まで登り切ろうというスタイル。並外れた体力と精神力、卓越した登山技術を備えたスーパー・アルピニストにして、初めて可能な方式である。R・メスナーとP・ハーベラーは1975年、ガッシャブルムI峰にアルパインスタイルで登頂。さらに78年にはエヴェレストに無酸素登頂し、登山界に衝撃を与える。70年代後半〜80年代になると各国登山家も倣った。

日本では、「ヒマラヤ鉄の時代」を提唱した小西政継が山学同志会隊を率いて、1976年ジャヌー北壁初登攀、80年カンチェンジュンガに無酸素登頂。81年、禿《かむろ》博信がダウラギリI峰に単独登頂、吉野寛らイエティ同人隊はアンナプルナI峰南壁新ルートから無酸素登頂。82年には高山研究所隊（隊長・原真）がシシャ・パンマにアルパインスタイルで登頂、日本山岳協会隊（隊長・新貝勲）がK2に北稜から無酸素登頂、北大隊（隊長・安間荘）がダウラギリI峰冬季初登頂。少なからぬ日本人登山家が、アルパインスタイル、無酸素、ソロ、厳冬期などの苛酷な条件を加え、高峰に挑んだ。83年にはイエティ同人隊の吉野、禿、遠藤晴行、山学同志会隊の川村晴一、鈴木昇己がエヴェレスト無酸素登頂を果たすが、吉野、禿は還らなかった。86年、山田昇、斎藤安平がアルパインスタイルでマナスル冬季第2登。群馬岳連隊（隊長・八木原圀明）は87年アンナプルナ南壁、93年エヴェレスト南西壁で冬季初登攀に成功する。

●エピソードで読む登山史　女たちのアルプス、ヒマラヤ

1967（昭和42）年7月18日〜19日、今井通子（当時25歳）と若山美子（27歳）のペアが、2日がかりでマッターホルン北壁登攀を果たした。65年夏の芳野らと同じく、31年のシュミット兄弟のルートをとったものだが、女性だけのペアによる登攀は、世界初の快挙だった。

今井と若山は、7月18日午前2時15分、ヘルンリ小屋を発った。マッターホルンの北壁は、氷河から頂上までの標高差が1200メートル。下部は険しい氷壁と雪田、中間部は垂直に近い大クーロアール（急峻な岩溝）、そして上部は落石の絶えない赤黒い岩壁だ。極度の緊張を強いられながらも、慎重で大胆な判断を重ね、19日20時15分、見事頂上に立った。

この今井・若山ペアは、正確にはふたりだけではなかった。1日前に神田和臣と木村憲司が先行し、加藤滝男がコーチ役、奥山章がテレビ用の記録撮影のために同行していた。

医師でもある今井は、この後も登山界の先端を担って旺盛な活動を続けた。1969年夏に、JECCパーティでアイガー北壁を直登。71年7月には、カモシカ同人パーティでグランド・ジョラス北壁を登攀。これによって、日本人女性初の三大北壁登攀者となる。さらにその後は、ヒマラヤでダウラギリⅡ・Ⅲ・Ⅴ峰縦走などスケールの大きな活動を率いた。いっぽうの若山は73年夏、新婚旅行先のマッターホルンで、夫とともに墜落死する悲運に見舞われた。

今井と同世代の傑出した女性クライマーといえば、佐宗ルミエ、関田美智子、田部井淳子ら。続く世代が夫・鳴満則とともにマッターホルン北壁冬季女性初登攀（1978年3月）やモン・ブランの新ルートを登攀した鳴秋子、そして笠松美和子、長尾妙子、遠藤由加らが続く。なかでも、ヒマラヤで際立った成果を挙げたのは、エヴェレストの田部井とチョー・オユー南西壁（94年）の長尾、遠藤である。

女性初のヒマラヤ登山隊、ブッシュ山の会隊（隊長・細川沙多子）は1960年、デオ・ティバ（パンジャブ・ヒマラヤ、6230メートル）をめざし、浜中慶子、岡部みち子とシェルパが第4登に成功した。日本山岳会隊がマナスルの初登頂に成功した4年後のことだった。

1970年にはアンナプルナⅢ峰（7575メートル）をめざし、宮崎英子を隊長に、田部井らを含む12名の女子登山隊が編成された。田部井をチームに引き入れ、ヒマラヤ熱を煽ったのは、若山だった。田部井は若山の情熱を継ぎ、平川宏子とともに南西稜から初登頂を果たした。

女性による最初の8000メートル峰登頂もマナスルだった。74年、黒石恒を隊長とする日本女性マナスル登山隊は、南稜からの登頂を途中で断念。だが北東面に切り換え、C5から中世古直子、内田昌子、森美枝子がシェルパとともに登頂した。

1975年、いよいよエヴェレストである。久野（宮崎）英子を隊長とする14名の女子登山隊は、C2で雪崩に遭ったが撤退せず、サウス・コルにC5、8600メートル地点にC6を設営。

1児の母となった副隊長・田部井（当時35歳）が、5月17日、シェルパのアン・ツェリンとともに女性世界初の最高峰登頂を果たした。チベット側からの中国人女性による第2登は、この10日後だった。

長谷川恒男が三大北壁厳冬期単独登攀

1970年（昭和45）年5月、日本は初のエヴェレスト登頂を果たしたが、それは、めざましい高度経済成長に支えられたものだった。そして登山界そのものも70年から80年代にかけて高度成長期を迎え、一気に国際化、多様化が進んだ。

ヒマラヤ登山は、大学山岳部ばかりのものではなくなり、社会人や地域レベルの登山隊も参入、より難度の高い課題に挑んでいった。いっぽう、RCCⅡに集ったクライマーの次世代も台頭し、世界の難壁に果敢な登攀を展開した。

さて、日本人クライマーによるアルプス三大北壁の登攀活動は、1963年夏に始まり、64、65年のふた夏を要して、日本人による初登攀が達成された。その後は、負荷を課し難度を高めた挑戦に進む。

まず1969年7月、グランド・ジョラス北壁を、斎藤雅巳（館林山岳会）が日本人で初めて単独で登攀する。次いで藤岡謙次郎と松井喜三雄（碧稜山岳会）が、グランド・ジョラス、アイガー、マッターホルンの順に、三大北壁を1シーズンで完登する。さらに加藤滝男らＪＥＣＣの６人は、1カ月を要してアイガー北壁に新たな日本人直登ルートを拓いた。

山学同志会のメンバーは、さらに難度を高めた活動に挑んだ。1967年2月の厳冬期に、小西政継、遠藤二郎、星野隆男の3人が、65年に芳野満彦らが登ったマッターホルン北壁ルートを登攀する。厳冬期の第3登となったこの登攀は、日本人初の快挙だった。さらに遠藤、星野ら6人は、70年2月から43日をかけてアイガー北壁の厳冬期直登を果たした。この直前の1月には、森田勝らの合同パーティが38年ルートを登攀していた。また、この年末から翌71年初にかけて、小西、星野らの5人に植村直己を加えたパーティが、グランド・ジョラス北壁を登攀。こうして山学同志会は、組織として「三大北壁の厳冬期登攀」を達成した。

1972年3月には、加藤保男、神田泰夫らが、グランド・ジョラス北壁中央クーロワールの初登攀を果たす。

グランド・ジョラス北壁冬季単独登攀に成功した長谷川恒男（映画『北壁に舞う』より／アルパインガイド長谷川事務所提供）

さて、いよいよ長谷川恒男の登場である。長谷川は、厳冬期の単独登攀に執着したクライマーだった。1975年1月、20日間を要し、ひとりで前穂高岳屛風岩から北尾根4峰正面壁、前穂東壁、北穂滝谷を継続登攀、槍ヶ岳・北鎌尾根へと縦走する。

そして77年からの3シーズン、厳冬期のアルプス三大北壁の単独登攀に挑戦した。手始めは、マッターホルン。77年2月14日～16日、3日をかけて芳野らと同じシュミット・ルートを攀じた。次いで78年3月9日にアイガー。38年ルートを1日で登り切った。最後のグランド・ジョラスは、79年2月25日～3月4日、8日を費やしてウォーカー側稜を登攀。三大北壁の厳冬期単独登攀は世界初、32歳の快挙だった。

アルプス以後の長谷川は、アルゼンチンのアコンカグア南壁に厳冬期単独初登攀（81年）のほか、ウータン・クラブを率いてヒマラヤなどに活動の場を求めた。しかし91年10月、ウルタールⅡ峰（カラコルム）で雪崩に遭って転落、絶命。43歳、骨太の山岳人生だった。

●エピソードで読む登山史　植村直己の冒険人生

植村直己は、1984（昭和59）年2月12日、アラスカのマッキンリー（6194メートル）に世界で初めて冬期単独登頂を果たした。しかし翌13日午前11時、登頂成功の無線連絡後、消息は杳としてわからず、ついに帰らぬ人となった。

植村は、自然への大いなるあこがれと抑えがたい探究心のままに、数々の瞠目すべき大冒険を重ねてきた。それらは、五大陸の最高峰へ、世界一の大河へ、極寒の北極圏へ、未知未踏の領域へ、世界地図に長大な軌跡を描く、まさに気宇壮大な地球冒険そのものであった。

明治大学山岳部で登山の基礎を厳しくたたき込まれた植村は、卒業するとアメリカの農園で働いて資金をつくり、ヨーロッパ・アルプスへ赴く。１９６５（昭和40）年、明大山岳部のネパール・ヒマラヤ、ゴジュンバ・カン遠征にフランスから飛び入り参加、そのⅡ峰（７６４６メートル）に初登頂。この体験がその後の植村の人生を運命づけた。

翌１９６６年、モン・ブランとマッターホルンに登頂後、アフリカに向かい、キリマンジャロ（５８９５メートル）に登頂、すべて単独行だった。68年、南アメリカに移って、アルゼンチンのアコンカグア（６９６２メートル）に単独登頂後、アマゾン河６０００キロを２カ月かけて筏で下った。

１９７０（昭和45）年、日本山岳会のエヴェレスト登山隊に参加し、５月11日に松浦輝夫と日本人初登頂を果たす。８月には夏のマッキンリーに単独初登頂。71年１月、小西政継ら山学同志会パーティに加わり冬季のグランド・ジョラス北壁を日本人初登攀。同年４月、エヴェレスト南西壁を目指した国際隊は不本意な結果に終わるが、その夏、南極横断の距離を体験するため、北海道・稚内から九州・鹿児島まで3000キロ、日本列島を徒歩で縦断した。

　1972年からは、いよいよ舞台を北極圏に移した。これは、実現には至らなかったが、南極大陸単独横断の夢へ結ぶステップだった。まずグリーンランド最北で越冬して現住民の生活を学び、73年2〜4月、犬ぞりを使って往復3000キロの旅を完遂。そして74年12月30日、グリーンランド南西岸のヤコブスハウンを発つ。メルビル湾に沿って進み、スミス海峡からエルズミア島、デボン島、ビクトリア島などを結んでカナダ北岸に至り、西進してアラスカ北西岸のコッツビュー着は76年5月8日。全行程1万2000キロ、500日近くを要して北極圏の雪氷原を犬ぞりで単独走破。むろん前例などあろうはずもなく、世界初の快挙だった。

　北極圏を駆け終えた1976年夏、植村はカフカスのエルブルース（5642メートル、ヨーロッパ大陸最高峰）を登頂、世界初の五大陸最高峰登頂者となった。そして78年、世界初の北極点犬ぞり単独行を達成。80年にはエヴェレスト厳冬期登頂を目指すが、竹中昇隊員を失い断念。

　植村の冒険は、そのほとんどが単独行動である。理由は、大型登山隊における極地法体験にあった。植村は、組織の駒として荷揚げやルート工作に終始した仲間の心情を思い、登頂者となる後ろめたさに悩んだ。そして、活動する個人がすべてに自由と責任を実感できる、単独行の意義と価値に執着したのではないだろうか。

22　新たな登攀スタイルと価値観へ

国内登山の展開

日本特有の進化を遂げた登山スタイルに「沢登り」がある。その源流を遡れば、氷河をもたない地形の特徴から、魚や獣を求めるなどして渓流を遡り、それが頂稜に至る有効な方法だと広く認知、活用されてきた歴史に由来する。知識と技術を蓄積したこの方法は、幕藩の山廻役にも用いられ、そうした記録も少なからず遺されている。また、明治期半ばの１８９４年に群馬県が実施して成らなかった利根川水源調査が、大正期末の１９２６年に受け継がれて水源に到達し、さらに昭和期、太平洋戦争後の54年に周辺を含む精細な地形の確認を得るに至った例もある。

この方法の登山への導入は、おそらく大正初期、奥秩父の渓谷に日本の山岳美を発見した木暮理太郎・田部重治らに始まり、大正末期にかけて黒部川で探検的遡行や下降を行なった冠松次郎らによる活動に至って、ようやく独立した一分野として確立された。昭和初期、南アルプス遠山川、奥秩父笛吹川、谷川岳南面などの開拓が見られたものの、丹沢の沢から谷川岳の岩を目指す、といった岩登りの初歩と捉えられた時期もあった。しかし、山の原初的要素を色濃く残す渓流遡行は、用具や装備の改良・開発も進んで、日本独自の登山スタイルとして熱心な愛好家が多い。１９８６～

87年、志水哲也は渓流遡行と登攀の要素を兼ね備えた黒部川全支流遡行を完成した。

冬季登攀の一分野として、発達したのが氷壁登攀（アイスクライミング）である。氷にホールドを刻むカッティングに代わり、1970年台、ヨーロッパ・アルプスから伝わった、2本のアイスアックスとクランポン（アイゼン）の前爪でスピーディに氷壁を登攀する技術は、それまでの冬季登攀の概念を一変させ、谷川岳などを中心に冬季のルンゼ登攀が相次いだ。代表的登攀としては、1974年2月、両角康夫らの一ノ倉沢滝沢第3スラブ積雪期第2登（初登は67年の森田勝で、2ビバークを要した）、同年3月、高橋寛明ら岳志会パーティと長谷川恒男の同第2スラブ積雪期初登攀、74年12月、今野和義ら山学同志会パーティの越後駒ヶ岳佐梨川金山沢奥壁積雪期初登などがある。81年には甲斐駒ヶ岳篠沢・七丈ノ滝が倉田和憲らによって、82年には一ノ倉沢烏帽子沢奥壁大氷柱がJCCの勝野淳司らによって初登攀され、氷瀑登攀はブーム化、全国の氷壁や氷瀑が登られたが、現在は暖冬化の影響で低迷傾向にある。

豪雪多湿の厳しい条件を持つ日本の冬山で、長距離縦走やバリエーションルートを加えた高難度の縦走登山が行なわれるようになったのは1965（昭和40）年2～4月、東京緑山岳会・青木敏らが前穂高岳屏風岩～鹿島槍ヶ岳北壁へ継続した山行だ。70年代に入ると、少人数によるさらに高難度の積雪期登山が行なわれるようになった。まず、谷川岳東面のルンゼの冬季単独登攀で知られた細貝栄が、工藤栄一と75年3月からの1カ月余を要してノン・デポ、ノン・サポートの積雪期日高山脈積雪期全山縦走を達成。次いで、竹中昇らは日本海～槍ヶ岳厳冬期縦走。80年代には村島雅博の日高山脈単独全山縦走（77年12月～78年1月）と3度に及ぶ黒部横断。90年代には志水哲也の襟裳岬～宗谷岬の北海道分水嶺単独踏破（84年3～5月）、（94年12月～95年5月）、伊藤達夫の黒部での継続登攀、和田城志、梶山正らの黒部横断、八ツ峰北面登攀などの一連の活動が代表的なものとしてあげられる。

「ヨセミテの風」でクライミング・シーンが激変

カリフォルニア州、シエラネバダ山脈中央部のヨセミテ国立公園が発した「フリー・クライミング」という名の新風。1970年代、現地でこの「ヨセミテの風」に触れた日本人は、黒田薫、大蔵喜福、戸田直樹らのクライマーだった。

1963（昭和38）年のケネディ大統領暗殺以後、アメリカは大きく揺れていた。ベトナムに大軍を派遣した戦争は泥沼化し、北爆には国際的非難が集中した。国内では若者を中心に反

1980年頃のヨセミテ・キャンプ4

1976年、日本に初めて輸入されたEBシューズ（渡辺正和撮影）

戦の機運が高まり、68年に暗殺されたキング牧師らが唱導した黒人解放運動は、新しい時代の到来を告げていた。

この時期、日本人クライマーは、アルプス三大北壁で目覚ましい成果を挙げていた。また国内でも「岩の殿堂」である穂高岳、剱岳、谷川岳を登攀し尽くし、高難度の岩場開拓を競い合った。巨大オーバーハングのある黒部別山の大タテガビン、黒部丸山東壁、黒部・奥鐘山西壁、常念山脈北端の唐沢岳幕岩、新潟県・明星山《みょうじ》、甲斐駒ヶ岳などが、その代表例である。

急峻な岩稜や岩壁を登攀する時、クライマーは、岩の割れ目にピトン（ハーケン）などを打ち込んで支点を設け、カラビナを用いてロープを通し、登攀・下降し墜落に備える。割れ目がなければ埋込みボルトを、足場がなければアブミなども用いる。このような登攀を総称して「人工登攀（アーティフィシャル・クライミング）」と呼ぶ。これに対して「フリー・クライミング」は、墜落に備える確保用のほかに人工的支点をいっさい設けない。

若者を中心にヨセミテで始まったフリー・クライミングの技法は、これまでの登攀とまったく異なる思想に拠っていた。彼らは、大岩を素手で、確保なしで登るボルダリングを通して技術を磨き、手の指、腕、足腰を厳しく鍛え、身体のバランス感覚を研ぎ澄まして巨大な岩壁に立ち向かった。

また、ヨセミテの若者たちは、これまでのクライマーとは、姿形も、ずいぶん違っていた——ヒッピー風の長髪をなびかせ、キャンバス甲で軟らかいゴム底のフラットソール・ブーツを履く。指の滑り止め用チョーク（松脂粉）袋を腰にぶら下げ、ミリ単位のホールドの土を払う歯ブラシを持った。そして、確保用支点に使うチョック（ナッツ）は、岩を傷つけない。

戸田は、ヨセミテでの体験を糧に１９８０（昭和55）年、谷川岳一ノ倉沢コップ状岩壁正面壁雲表ルートのフリー化を果たした。これを契機として、国内のさまざまな山域の難ルートが相次いでフリー化されていった。そして82年には池田功らによって、ついに衝立岩正面壁がフリー化される。

この波は急速に広がり、技術を向上させながら多様化した。奥秩父・小川山などに高難度ルートが拓かれ、ゲレンデは、海に臨む城ヶ崎（伊豆半島東岸）にまでおよんだ。都会のビル壁や城壁が登攀されるようになる。さらには、トップ・クライマーが競う国際的なコンペも開催されるようになり、屋内人工壁を備えたクライミング・ジムが繁昌する。平山ユージは１９９８（平成10）、２０００年の２回、ワールドカップ総合チャンピオンとなった。また、ボルダリングの分野では、小山田大が世界最難課題に成功するなど、国際的な評価を得た。

世界のビッグ・ウォールに挑む

１９７０〜80年代、日本登山界の先端に立つクライマーたちは、アメリカから吹く「ヨセミテの風」の影響を受けた。さらに、標高差１０００メートルを超えるビッグ・ウォールに挑む世界のクライミング・シーンにも、敏感に反応した。さまざまな刺激を糧に登攀技術を格段に向上させ、厳しいウェイト・トレーニングを重ねながら、世界各地のビッグ・ウォールへ立ち向かい、画期的成果を挙げた。

口火を切ったのは勝見幸雄、古川正博らで、まず１９６９（昭和44）年夏、ボルネオ島キナバル山（４１０１メートル）のローズ・ガリー日本鉄人ルートを初登攀する。次いで71年夏、７人でヒンドゥ・クシュのサラグラール（７１８４メートル）西壁を２ビバークで初登攀、これが日本人初の７０００メートル峰岩壁登攀だった。さらにヒマラヤでは、76年６月、戸田直樹ら６名による標高差１５００メートルのチャンガバン（６８６４メートル）南西壁初登攀、79年、京都カラコルムクラブ隊のラトックⅠ峰南壁（７１４５メートル）、広島山の会隊のラトックⅢ峰南東壁（６９４９メートル）などが続いた。

いっぽうペルー・アンデスの６０００メートル峰も関心を集めた。１９７３年に篠原正行ら５名がヒリシャンカ（６１２６メートル）南東壁を、続く76年、柿本育男ら９名がワンドイ（６１６０メートル）南壁など３峰の岩壁で初登攀を達成した。

１９８１（昭和56）年夏には、近藤国彦・名越實ペアがカシミールのクン（７０７７メートル）に挑み、標高差１３００メートルの西壁を12ビバークで初登攀。さらに81年夏、米井輝治らがカナダのバフィン島トール西壁（標高差１４００メートル）初登攀、などの記録を残している。いずれも価値ある登攀だが、すべてパーティによる活動だった。

ところが、これらをしのぐ課題に、敢然と単独で挑む若きクライマーが出現した。山野井泰史である。

山野井は中学生の時、15歳で日本登攀クラブに入会。谷川岳や城ヶ崎などでフリー・クライミングの技術を磨き、20歳前後の時期、ヨセミテのエル・キャピタンやアルプスのドリュ西壁などを単独登攀する。1988（昭和63）年6月、日本登攀クラブのパーティでバフィン島に赴くと、トール西壁に挑み、単独で7ビバークの末、初登攀に成功。さらに90年7月には、パタゴニアのフィッツ・ロイ（3441メートル）南西稜を単独で冬期初登攀した。

1991（平成3）年からはヒマラヤをめざした。手始めはブロード・ピーク（8047メートル）へパーティによる極地法登山だったが、92年以降は、単独・無酸素の岩壁登攀に執着する。94年、チョー・オユー（8188メートル）南西壁に新ルートを拓いて登頂。日本人初となる8000メートル峰の岩壁登攀で、登山史上に画期的な記録を印した。この時には、妻・妙子と遠藤由加のペアも同峰のスイス＝ポーランド・ルートを第2登、女性初となる快記録を樹立した。

さらに2000（平成12）年には、K2（8611メートル）南南東リブを単独・無酸素で初登攀。02年には、妻とギャチュン・カン（7952メートル）北壁を登攀後、雪崩に遭遇したが奇跡的な生還を果たしている。

1990年代の日本人のアルパインスタイル登攀では、90（平成2）年南裏健康のネームレスタワー東壁初登攀、同隊・保科雅則らのグレート・トランゴ（６２９４メートル）北東ピラー第２登、95年戸高雅史らのブロード・ピーク（８０４７メートル）縦走（第２登）、96年戸高雅史のＫ２単独・無酸素登頂、山崎彰人らのウルタールⅡ峰などの記録がある。

世界に通用する発想と価値観へ

山野井泰史によって世界水準に追いついた日本人の先鋭的登山は、世界のトップ・クライマーと登攀スタイル、価値観を共有する段階にきたといえよう。

高峰登山においては、竹内洋岳が２０１２（平成24）年、日本人として初めて（世界で29人目）８０００メートル峰14座に登頂したが、そのうち11座は無酸素だった。

さらに、より自由な発想で、より軽やかなスタイルで、より先鋭的な登攀に挑む日本人クライマーたちがヒマラヤやアラスカの困難な登攀に挑み続けている。

世界の優秀な登山家に与えられるピオレドール賞は、現代クライミングの評価基準と考えてよいだろう。２００８（平成20）年にカランカ北壁（天野和明、佐藤裕介、一村文隆）とカメット南東壁（平出和也、谷口けい）、10年にローガン南東壁（岡田康、横山勝丘）、12年にキャシャール南ピラー（花谷泰広、馬目弘仁、青木達哉）と、日本人クライマーが次々と受賞し、今後の先鋭的登山の行く手を示す大きな指針となっている。

23　現代の登山状況と課題

パイオニアを追う大衆・商業資本

日本に近代的登山活動が始まってほぼ1世紀を経た。先蹤者たちは、〈開路的〉探検登山に心血を注ぎ、山村の人びとがそれを助けた。続く世代は、スポーツ的な登山の進展に青春の情熱を燃やし、「より困難な」登高に挑んだ。太平洋戦争後、登山家たちは活動舞台をヒマラヤ、アルプス、アンデスなど世界の屋根ばかりでなく難壁へ、極地へ大きく拡げた。トップ・アルピニストたちは、より苛酷な季節に、より厳しい条件を自らに課して活動レベルを高め、とどまるところを知らない。

他方、登山の世界は大衆化と商業化の道をも突き進んだ。パイオニア・ワークを追う活動は、時代を経るにしたがって、そのピッチを早めて大衆化した。明治期のパイオニアたちが明らかにした無雪期の登頂・縦走ルートは、大正期に至って登山ブームといわれるほどの賑いを見せ、昭和期に引き継がれる。陸地測量部五万分一地形図やガイドブックを手に、整備された登山道を山案内人に導かれて登降し、要所にある山小屋に泊る――現代の一般的な登山者に多く見られる行動パターンの原型は、ほとんどこの時期に生じた。

「岩と雪の時代」、先鋭的な登山家たちが、それこそ若い命を賭した雪山ルートは、現代、老若男女が何の気負いもなく出かけ、場所によっては、スノーシューで楽しむトレッキング・コースと化している。岩稜の登攀ルートも「クラシック・ルート」と呼ばれ、一般的なガイドブックに収められているものさえ見られる。人工登攀によって踏破された岩壁もまた、ほとんど素手のフリー・クライミング愛好者たちが登っている。

アルプスのトレッキングや登頂も旅行業者が組むツアーの対象となり、登山初体験の女性タレントがテレビ・クルーとともにヒマラヤをトレッキングする。それどころか、１９５３年にようやく初登頂成った世界最高峰でさえ、88年には南北からの交差登頂をテレビが中継し、90年代初めには公募の商業登山隊が登場する。そして、最年長や最年少登頂の記録が話題となる。

エヴェレストなどの高峰に挑む商業登山の公募隊は、パックツアーの思想と論理を登山に持ち込んで営まれる。すなわち、代金さえ支払えば、入山手続やシェルパの雇用、物資の手配など煩雑な準備は催行者が引き受け、さらに体力や技術に不足があっても登山隊に参加できる、というものだ。そしてわれわれは、１９９６年5月、エヴェレストで起きた悲劇を思い出す。ニュージーランドの公募隊に参加し、田部井淳子以来21年ぶりに日本人女性第2登を果たした難波康子の遭難死である。ガイド登山とはいえ6大陸最高峰登頂の経験を有する難波であったが、登頂に時間がかかり、夜間、悪天下の下山中に行動不能となった。同隊ではガイド2人、顧客１人も落命、アメリカ公募隊を合わせると8人が死亡する大量遭難となった。

その後、経済原理によるヒマラヤ登山は、２０１４年４月、エヴェレスト・アイスフォールのルート工作中の雪崩でシェルパ16名が死亡というエヴェレスト登山史上最大の事故をも生み出した。

一方、国内ではツアー登山やガイド登山が常態化して久しい。こうした登山は、ガイドの判断ミスやツアー会社の安全管理不足が大規模な遭難に結びつく。２００６（平成18）年10月、白馬岳でガイド登山の客４人、09（平成21）年７月、大雪山系トムラウシ山でツアー客、ガイドなど９人がいずれも低体温症で死亡した事故は耳新しい。客を死亡させた山岳ガイドの責任を問うて有罪とする裁判が相次いでおり、ガイドの能力、資格検定基準や、登山ツアーを営む事業者の経営姿勢も問題視される。

現代の登山ブームの諸相

現今、登山ブームといわれる状況にあるが、登山や山にかかわる人々の営みも多様であり、したがって課題もまた複雑多岐にわたる。登山は今や、それを行なう人によって、スポーツ、ゲーム、レジャー、ファッション、あるいはイベントであり、その場所、季節、期間、人数やメンバーによってはもちろん、目的、内容、装備、趣好などによって、さまざまな容貌を見せ一様ではない。関係する情報の量や質の差も著しいし、その入手方法も活用の仕方も千差万別だろう。

さて、北アルプス（飛騨山脈）の西側に位置する岐阜県が、２０１４年12月に新しく「山岳遭難防止条例」を施行した。遭難急増に対処するべく、「北アルプス地区」と焼岳、御嶽山の「活火山地区」について登山届提出を義務化する。富山県や群馬県のように、危険地区に限ったり、季節を限定したものではなく、通年、すべての登山者が対象となる（罰則は期間、地域を限定）。北アルプスでは、近年、事故は無雪期に多発し、基礎的な知識や技術を欠く例が多く、ガイド任せで「行き先も知らない」登山者も少なくない。登山届の提出が、はたして遭難減に結びつくだろうか、疑問ではあるが、事態はたしかに深刻の度を増している。

2014年9月の御嶽山噴火では、死者57人、行方不明6人の犠牲があり、太平洋戦争後最悪の被害だった。志賀重昂『日本風景論』に立ち戻るまでもなく、この国のほとんどすべての山岳は火山に由縁をもつ。そして15年5月、爆発的噴火が発生した口永良部島のほか、現在、吾妻山、浅間山、草津白根山、御嶽山、箱根山、三宅島、硫黄島、阿蘇山、霧島山、桜島、諏訪之瀬島などの活火山で、地下の動きが活発だという。この国で登山とは、火山を登る活動であるとの認識をもち、相応に警戒せよ、との忠告と受け取りたい。

登山から派生したスポーツも多様化しているが、その代表はフリー・クライミング（スポーツ・クライミング）とトレイル・ランニングであろう。

山から発しながら、だんだん遠ざかっていくように感じられるのが、フリー・クライミングだ。とくに都市部ではクライミング・ジムが活況で、人工壁で練習する方が、自然の岩場よりも上達が早く、かつ手軽なのだという。ビルの壁面などを利用したイベントも人気を集めている。自然の岩に触れる感覚、自然に挑む緊張感よりも、クライミングそのもの、難度の高い課題を克服する達成感の方に惹かれるのだろうか。

逆に、山に押しかけてきた、と思わせる種目がある。軽装で登山道を駆け抜けるランナーが増えてきたのである。長距離のコースを昼夜走ってタイムを競うレースも開催され、人気上昇中だそうだ。が、このトレイル・ランニングと称する種目は、山を舞台にしてはいるものの、登山と同じジャンルの活動といえるのだろうか。登山者やハイカーとのトラブルも少なからず、また登山道や植物への悪影響に対する批判もあって、禁止に踏み切った自治体もある。環境省はガイドラインを発表し、自治体にも対応を求めている。環境負荷の調査、大会の制限、ランニングコースの整備などを含め、登山者との円満な棲み分けに行き着いてほしいものだ。

●エピソードで読む登山史　『日本百名山』と中高年登山ブーム

山の文学者・深田久弥が『日本百名山』を刊行したのは1964（昭和39）年、東京オリンピックの年である。以来、半世紀が経とうとするが、「百名山人気」は、まったく衰えを見せない。深田は、自分が登った標高1500メートル以上の山のなかから、品格・歴史・個性を基準に、

100座を選出。これに、自らの登山記を交えて、簡潔な解説をつけた。それぞれの山の景観、山名考証、信仰、民俗、歴史、詩歌、文学、登山史など、広範で自在な記述は、造詣の深さを示してあまりある。この著作によって、深田は第16回読売文学賞を受賞した。

深田が「わが国のめぼしい山にすべて登り、その中から百名山を選んでみようと思いついた」のは、昭和10年代だった。だが日中戦争下、従軍作家の一員として1938（昭和13）年の漢口攻撃に参加。その2年後に、ようやく雑誌「山小屋」で「日本百名山」の連載は開始された。

当時の国史の教科書によると、昭和15年は初代天皇・神武の即位2600年（皇紀）に当たる。そして、その神武の祖父・ニニギノミコトが天上から降った場所が、高千穂峰高天原《たかまがはら》だったという。連載第1回は、この高千穂峰と乗鞍岳だった。しかし、連載は10回20座まで進んだところで中断してしまう。また、同時期に雑誌「旅」でも「名山巡礼」という連載を試みている。

太平洋戦争が終わると、今度は雑誌「山と高原」で、1959年3月号から連載を再開。想いを新たに50回100座を連ね終えた時（63年4月号）、深田は還暦に達していた。単行本『日本百名山』は64年7月に新潮社から発行され、翌年、読売文学賞を受賞した。深田の『日本百名山』は、このように30年近い紆余曲折を経て、完成にこぎつけたのだった。

この『日本百名山』が大衆的な関心を集め脚光を浴びるのは、1980年前後からである。それは、この山岳書の文学的価値や著者の審美眼、山岳観に向けられたというより、100座の

「名山リスト」としての意味合いが強かった。社会の高齢化が進み、中高年層に広がる健康指向、定年後の生き甲斐や趣味探しに、格好の指標として多くの人の目にとまった。そもそも日本人は、「百」という数値に格別の意識を抱く。量や種類の多さだけではなく、「百人一首」のように一定のまとまりを与え、さらに「百度詣り」のように、執着し努力すれば到達可能な目標にもなる。

ＴＶ・新聞・出版などのマス・メディアもこぞってこれを取り上げ、「百名山ブーム」が出現、登山界に新しい活況を生み出した。だが一方で、中高年登山者の遭難多発や、自然環境を脅かすほど深刻な「百名山」のオーバー・ユースが、問題視されるようになった。

さてこの「百名山ブーム」を追いかけるように、80年、劇作家の田中澄江が『花の百名山』を上梓した（81年読売文学賞）。田中は東京育ちだったが、幼少から山と高山植物に親しんで育った。やがて山や高原、湿原や峠への紀行を綴って多くの共感を得た。それはブームの単なる追随ではなく、独自の視点と美意識に満ちているからだった。

未来を拓けるか、山から発信する自然保護活動

人類が現出した「近代」は、科学・技術・資本の時代だといえるだろう。

古代文明は、青銅と鉄とを物質的基礎としたが、その生産のエネルギーに薪炭を用いて森林を激

減させた。近代製鉄業も当初、その歴史を繰り返すが、エネルギーを石炭に換えた。それを採掘する鉱山水没の危機（地下水湧出による）は、蒸気機関の発明がこれを救う。石炭に次ぐ石油の利用は森林消滅を一応回避したが、再生産不能の資源を大量に消費する趨勢は変らない。森林は中世以降、増え続ける人口を養う農地として「開拓」される。

一方、科学は森羅万象を解明しうる武器として君臨し、不遜にも「自然をつくり変える」理論と技術とを提供し続ける。その基準は、人間にとっての利便性にあって、「自然の摂理」は軽視された。河川は、単に水を流すパイプだとして、地下に水を貯え、生物を棲息させ、自然を浄化する機能よりも、人間生活における即効性、産業における利潤獲得を優先させるのである。山岳では、山林の生態系や水脈よりも、自動車が排気ガスをまき散らして走り抜ける林道が優位に立つのだ。

たとえば、尾瀬の場合。尾瀬入山口の三つの峠のうち、１９６３（昭和38）年に鳩待峠（群馬県片品村戸倉から）、70年に沼山峠（福島県檜枝岐村七入から）までは、会員制バス運行に至っていた。残る旧会津街道（片品村大清水～三平峠～尾瀬沼～沼山峠）の自動車道路化工事が、大清水から三平峠に迫った71年に大転換が生じた。この年7月、佐藤栄作内閣に環境省発足、大石武一が初代長官に就任。尾瀬・長蔵小屋三代目の主、平野長靖の陳情を受けて現地を踏査、道路建設中止へ舵を切る。平野らが設立した「尾瀬の自然を守る会」に共鳴する活動が全国的に急速な盛り上がりをみせ、大石の英断を支えた。開発推進の閣議も、群馬県も、片品村も、中止を受け容れざるを得なかった。

かろうじて尾瀬の決定的な自然破壊は回避されたが、尾瀬が危機に瀕したのは、これが初めてではない。実は、明治期から水力発電源と目され、大正期に至って政争を招きつつも計画が進んだ。これに抗したのが、唯一の山小屋だった長蔵小屋を設立した平野長蔵で、これを植物学者で登山家の武田久吉が強力に支えた。太平洋戦争後にもダム建設計画が生じ、これを阻止しようと1949（昭和24）年結成された本邦初の自然保護団体「尾瀬保存期成同盟」が「日本自然保護協会」へ発展して現在に至っている。

2011年3月11日、地震と津波に生活とその基盤を破壊された人びとは、東京電力福島第一原子力発電所事故の追い打ちを受けた。大気と山野河海の放射能汚染は途方もない規模に及び、東日本大震災による重層的被害は今なお深刻である。登山のフィールド各地も汚された。生物界でも、平常とは異なる数値が伝えられたりする。放射能除去、福島第一原発の廃炉は、各地原発の使用済み核燃料の処理ともども、巨額を投じて試行錯誤の措置がさまざま講じられているものの、打開の方策は未だ定かには見えない。人間による核エネルギー制御不能は明らかだが、この国は「コスト安」「安全」を言い張って、「脱原発」を採ろうとはしない。

自然を破壊してでも営利獲得、利益誘導を目論む「開発」の危険は絶えない。最近では、リニア中央新幹線が、環境負荷に懸念を残しながら南アルプスにトンネルを穿つ計画が実現しつつある。

遅きに失したとはいえ、１９７２年、ユネスコ総会は世界遺産条約を採択、文化遺産と自然遺産の保護に国際的な取組みを始める。Ｈ・Ｄ・ソロー、Ｊ・ミューアらが唱導した自然保護、環境倫理を求める根強い市民運動の成果だった。日本がこの条約を批准したのは20年も経た92年。そして屋久島、白神山地、知床、小笠原諸島が自然遺産に登録された。また、山岳にかかわる文化遺産では、１９９９年に「日光の社寺」が、２００４年に「紀伊山地の霊場と参詣道」が、そして13年に「富士山—信仰の対象と芸術の源泉」が登録された。千年を超える日本人の山岳信仰と登拝の歴史は、人類の文化遺産として国際的な関心を集め、評価されてきたのである。

だが、かけがえのない自然を保護し子孫に伝えるには、ただ規制の網をかぶせるだけでは限界があろう。自然に関わる人間のあらゆる営みを、自然の征服・略奪的消費にではなく、共生に基礎をおくものに転換しない限り、展望は開けまい。まさしく自然そのものを対象とする登山活動は、とりわけその責任が重い。

富士山どころかエヴェレストにさえ、清掃登山を重ねなければならない状況を、もはや絶望的と見るのか、その贖罪の行為に微かな光明を見いだすのか。近代登山はいま、自然から厳しい課題をつきつけられている。

第5部 日本登山史年表

・日本国内の登山、日本人の登山の中から、登山史の流れを理解しやすいように、代表的な出来事と登山記録をまとめた。
・海外の外国人の記録は、ヨーロッパ・アルプスの代表的な初登攀、ヒマラヤ8000メートル峰初登頂を中心に記載し、†を付した。
・登山にかかわる主な書籍、雑誌の刊行を併記した。
・時代相を表わす社会の出来事を併記した。

登山活動と関連事項

開山と信仰登拝、物見遊山

701（大宝元）佐伯有若が立山を開山したと伝えられる
717（養老元）泰澄が白山を開山
782（天応2）勝道が男体山を開山
1149（久安5）末代が富士山頂に大日寺を建立
1264～75（文永年間）道泉が笠ヶ岳を開山
1617（元和3）加賀藩の玉泉院が室堂小屋を再興
1640（寛永17）加賀藩が黒部奥山廻役を設置、48年に初の山廻り
1690（元禄3）ごろ　円空が笠ヶ岳を再興
†1786　M・パカールとJ・バルマがモン・ブランに初登頂
1707（宝永4）富士山大噴火。宝永山出現
1785（天明5）覚明が御嶽山黒沢口を復興
1792（寛政4）普寛が御嶽山王滝口を開路
1798（寛政10）最上徳内らがクナシリ、エトロフ島探検
1809（文化6）間宮林蔵らがカラフト探検、さらに沿海州に至る
1816（文化13）延命が甲斐ヶ岳を開山
1823（文政6）播隆が笠ヶ岳を再興

登山にかかわる本

1804　谷文晁『日本名山図会』
1821　伊能忠敬『大日本沿海輿地全図』

社会の出来ごと

701（大宝元）大宝律令成る
806（大同元）最澄が唐より帰国
816（弘仁7）このころ、空海が高野山に道場（金剛峯寺）を開く
827（天長4）このころ、最澄が比叡山に延暦寺を建立
1657（明暦3）江戸明暦の大火
1787（天明7）松平定信、老中となる（寛政の改革～93）

1828（11） 播隆が槍ヶ岳を開山
1832（天保3） 高山たつが小谷三志に導かれ富士山に女性初登頂
†1857 英国山岳会（The Alpine Club）創立

山の「文明開化」・外国人の登山と科学的調査

1860（万延元） 7月、英国駐日公使R・オルコック一行が富士登山
†1865 E・ウィンパーらがマッターホルン初登頂
1867（慶応3） イギリス公使H・パークス夫人ファニーが外国人女性で初めて富士山に登る
1868（慶応4・明治元） 神仏判然令が発布される
1871（明治4） 芦安村の行者・名取直江が北岳登頂
兵部省陸軍部参謀局の間諜隊課報掛が測量事業開始
1872（明治5） 3月、神社仏閣地女人禁制が廃止
修験道禁止令を発布
1874（明治7） B・S・ライマンが石狩川水源調査
1877（明治10） W・ガウランドが槍ヶ岳に登頂
針ノ木新道（信越連帯新道／立山新道）開通
1878（明治11） A・M・サトウとA・G・S・ホーズが針ノ木峠越え
1879（明治12） R・アトキンソンらが八ヶ岳、白山、立山登山後、針ノ木峠越え

1837 鈴木牧之『北越雪譜』
1859 松浦武四郎『後方羊蹄日誌』
1860 松浦武四郎『石狩日誌』
1861 松浦武四郎『十勝日誌』『久摺日誌』『天塩日誌』
1865 松浦武四郎『夕張日誌』『納沙布日誌』『知床日誌』
1878 B・S・ライマン『北海道地質総論』

1828（文政11） シーボルト事件
1853（嘉永6） アメリカ使節ペリー、浦賀に来航
1867（慶応3） 大政奉還。王政復古の大号令
1868（明治1） 明治維新。五箇条の誓文
1869（明治2） 版籍奉還
1871（明治4） 廃藩置県
1873（明治6） 徴兵令公布。地租改正条例公布

内務省地理局の梨羽晴起らが赤石岳に測量登山

１８８１（明治14）　ホーズがサトウと金峰山、農鳥岳、間ノ岳、鳳凰山、甲斐駒ヶ岳に登頂

１８８２（明治15）　八ヶ岳東山腹に本沢温泉小屋開設

１８８３（明治16）　窪田畔夫、渡辺敏らが白馬岳登山

１８８４（明治17）　修験行者の植松嘉衛が、甲斐駒ヶ岳・黒戸尾根五合目に山小屋を建設

内務省、北海道開拓使の地図測量を陸軍参謀本部測量局に統合

上高地牧場開設

１８８５（明治18）　地質調査所技官・坂市太郎が槍ヶ岳～三俣蓮華岳～有峰を踏査

１８８８（明治21）　陸軍参謀本部測量局が陸地測量部となる

４月、Ｗ・ウェストンが初来日

７月、磐梯山噴火、死者４７７人

１８８９（明治22）　９月、大塚専一が鹿島槍ヶ岳～白馬岳～蓮華温泉踏査

山岳会設立・「探検的登山」へ

１８９１（明治24）　ウェストンが浅間山、槍ヶ岳、木曽駒ヶ岳などに登頂

１８９２（明治25）　ウェストンが富士山、乗鞍岳、槍ヶ岳、赤石岳に登頂

†１８９２　５月、アメリカ最古の自然保護団体シエラクラブ創立

１８８１　Ａ・Ｍ・サトウ／Ａ・Ｇ・Ｓ・ホーズ"A Handbook for Travellers in Central and Northern Japan"

１８８５　松浦武四郎『乙酉掌記』

１８９１　Ｂ・Ｈ・チェンバレン／Ｗ・Ｂ・メイスン"A Handbook for Travellers in Japan"

１８８９（明治22）　大日本帝国憲法発布

１８９０（明治23）　第一回帝国議会開く

１８９２（明治25）　陸軍少佐・福島安正が

1893（明治26）陸地測量部の測量官・館潔彦が三角点選点のため白馬岳、前穂高岳などに登頂
ウェストンが恵那山、針ノ木峠〜立山、前穂高岳などに登頂
1894（明治27）ウェストンが白馬岳、笠ヶ岳、常念岳、御嶽山に登頂
9月、群馬県、利根川水源探検
1895（明治28）2月、野中到が厳冬期の富士山に初登頂
10〜12月、野中到・千代子夫妻が富士山頂で気象観測を行なう
大倉喜八郎が南アルプス南部を買収
1898（明治31）旧制四高に遠足部創設
1900（明治33）河口慧海がネパールからダウラギリの北方を経てチベットに入る
1901（明治34）東京府立一中で生徒がOBと日本博物学同志会を結成
1902（明治35）1月、歩兵青森第5連隊が八甲田山雪中行軍中に猛吹雪に遭い、大量の疲労凍死者を出す
8月、小島烏水と岡野金次郎が槍ヶ岳に登頂する
長野高女が戸隠山に集団登山
第1次大谷探検隊が中央アジア探検（1914年第3次まで）
1903（明治36）8月、河野齢蔵が「赤石山巓における高山植物」を撮影、『信濃博物学雑誌』に発表
ウェストンが甲斐駒ヶ岳、浅間山登山

1893 高島北海『欧州山水奇勝』
1894 志賀重昂『日本風景論』
1896 野中千代子「芙蓉日記」（報知新聞に掲載）／W・ウェストン"Mountaineering and Exploration in the Japanese Alps"をロンドンで刊行
1901 野中至『富士案内』

単騎シベリア横断
1893（明治26）海軍大尉・郡司成忠らが千島探検
1894（明治27）日清戦争（〜95）
1895（明治28）下関条約調印。三国干渉
1897（明治30）金本位制確立
1899（明治32）改正条約施行
1902（明治35）日英同盟協約締結

11月、ウェストンが「甲斐が根山の登山」を『ジャパン・ウィークリー・メイル』に発表
平野長蔵が沼尻に長蔵小屋を建設

1904（明治37）2月、小島烏水「甲斐の白根」を雑誌『太陽』に発表
7月、中目覚がアルプス東部のチルビッツコーゲルに登頂
8月、志村烏嶺が「白馬嶽ノ絶巓及び大残雪」を撮影、のちに『日本山嶽志』と"Alpine Journal"に掲載される
山崎直方が立山に圏谷（山崎カール）を発見
ウェストンが鳳凰山、北岳、仙丈ヶ岳、妙高山、戸隠山、高妻山、八ヶ岳、富士山登山

1905（明治38）木曽駒ヶ岳の剣ヶ峰小屋（現・宝剣山荘）営業開始
9月、鵜殿正雄が岳沢から前穂高岳登頂
10月、小島烏水、高野鷹蔵、武田久吉、梅沢親光、河田黙、城数馬、高頭仁兵衛が日本博物学同志会の支会「山岳会」を設立
上口湯屋を継ぐ上高地温泉場が本格的開業

1906（明治39）松沢貞逸が白馬岳山頂の石室を改造して山小屋を開業（07年から本格営業）
イギリスの軍人A・デルメラトクリッフがスキーを持参して着任、09〜10年、北海道月寒連隊で実技を見せる

1907（明治40）1月、佐藤順三らが厳冬期の富士山に登頂

---

04 河口慧海『西蔵旅行記』

05 小島烏水『日本山水論』

06 小島烏水『山水無尽蔵』／高頭式『日本山嶽志』／山岳会「山岳」第一年第一

04（明治37）日露戦争（〜05）

05（明治38）ポーツマス条約調印

06（明治39）南満州鉄道株式会社創立

07（明治40）小学校令改正、義務教育6年に

7月、陸地測量部測量手・柴崎芳太郎一行が、剱岳に三角点選点のため宇治長次郎の案内で登頂

1908（明治41）7月、三枝威之介らが白馬岳〜五竜岳縦走

日本山岳会第1回大会

飛騨山岳会設立

1909（明治42）6月、「山岳会」が日本山岳会として独立

6月、旧制神戸一中遠足部創設

7月、日本山岳会の吉田孫四郎、石崎光瑤らが宇治長次郎の案内で剱岳に登頂

7月、高頭式、高野鷹蔵、中村清太郎、三枝威之介、小島烏水らが悪沢岳〜赤石岳縦走

8月、鵜殿正雄が上條嘉門次、嘉代吉の案内で下又白谷〜穂高岳〜槍ヶ岳を初縦走する

年末から翌年、札幌農学校講師、スイス人のH・コラーが母国から取り寄せたスキーを学生・山根甚信が試す

1910（明治43）7月、三枝威之介、中村清太郎、辻村満丸が爺ヶ岳、鹿島槍ヶ岳に登り、針ノ木峠〜薬師岳〜槍ヶ岳縦走

8月、加賀正太郎がヨーロッパ・アルプスのユングフラウに登頂

二万五千分一地形図作成開始

北大生が模造スキーを大学構内で試み、翌年、三角山へ進出する

号／丸山文台・高嶌胖園・野本紫竹『槍が嶽乃美観』

08 志村烏嶺・前田曙山『やま』／大井冷光『立山案内』

09 志村烏嶺『山岳美観』（一・二集）

10 小島烏水『日本アルプス』（〜1915）／柳田國男『遠野物語』／日本山岳会『高山深谷』（17年まで全8集）

08（明治41）戊申詔書

09（明治42）伊藤博文ハルピンで狙撃され死去

10（明治43）大逆事件。韓国併合

スキー伝来／「深林と渓谷」／アルプス行

1911（明治44） 1月、オーストリアの軍人T・レルヒが高田連隊で、スキー技術を本格的に伝授

4月、レルヒらが富士山にスキー登山。九合目付近から滑降

8～9月、鹿子木員信がベルナー・オーバーラントを訪ねる

11月、矢沢米三郎、河野齢蔵ら信濃山岳研究会設立

ウェストン、三度目の来日

1912（明治45・大正元） 1月、白瀬矗が率いる南極探検隊が南緯80度5分に到達

2月、レルヒが北海道旭川に転属。軍民にスキーを指導

4月、レルヒらが羊蹄山にスキー登山

6月、北大スキー部創設

6月、旧制東京高等師範付属中山岳部創設

8月、鵜殿正雄が天狗のコル～奥穂往復、西穂へ縦走

8月、ウェストンが根本清蔵の案内で槍ヶ岳東稜を登攀、上條嘉門次の案内で奥穂高岳南稜を直登

上高地養老館（現・五千尺ホテル）開業

青木文教、多田等観が別ルートでヒマラヤを越えチベットに入る

高野鷹蔵が片桐貞盛にヨーロッパ型のルックザックを模造させる

---

12 越信スキー倶楽部「スキー」創刊（～1913）

11（明治44）東京、大阪に特別高等警察を置く

12（明治45）明治天皇死去。憲政擁護連合大会開催

12月〜13年1月、鶴見宣信らが富士山九合目までスキー登山
1913（大正2） 5月、木暮理太郎、田部重治、中村清太郎が金峰山から雁坂峠縦走
8月、木暮理太郎、田部重治が上高地〜槍ヶ岳〜双六岳〜薬師岳〜立山温泉を縦走し、立山、剱岳に登頂
8月、ウェストンが夫人を同伴し、上條嘉門次と槍ヶ岳東稜を登攀、南稜から奥穂高岳、霞沢岳に登頂
8月、長野県中箕輪尋常高等小学校の木曾駒ヶ岳集団登山で台風に遭い、赤羽校長以下11名が遭難死
旧制一高旅行部、三高山岳会創設
富士登山競走大会（御殿場）開始
参謀本部陸地測量部が5万分1地形図の日本アルプス関連を刊行
1914（大正3） 1月桜島の大噴火
1月、河口慧海がシッキムを経て2度目のチベット入り
1月、辻村伊助が積雪期のユングフラウ、メンヒに登頂
2月、村井太郎らが蔵王・熊野岳にスキーで登頂
8月、辻村伊助、近藤茂吉らがグロース・シュレックホルン登頂、下山中雪崩に遭う
小川テント創業、片桐がザック製造を開始
1915（大正4） 5月、木暮理太郎、田部重治、中村清太郎が笛吹川東

---

13 志村烏嶺『千山万岳』
14 鹿子木員信『アルペン行』

13（大正2）第一次憲政擁護運動起こる
14（大正3）第一次世界大戦（〜18）。ドイツに対し宣戦

沢・信州沢溯行
6月、焼岳大爆発、大正池ができる
慶応義塾山岳会創設
1916（大正5） 上高地～槍ヶ岳、中房温泉～槍ヶ岳（旧道）の登山道が東京大林区署（現、営林署）によって開削される
7～8月、奥秩父破風山で帝大生遭難、4人疲労凍死
1917（大正6） 6月、木暮理太郎、田部重治が笛吹川東沢釜ノ沢溯行
7月、冠松次郎が早月尾根から剱岳に初登頂
穂苅三寿雄らが槍沢にアルプス旅館（現・槍沢ロッジ）を開業
百瀬慎太郎が唱導し大町登山案内人組合が結成される
小林喜作、寺島今朝一ら常念口登山案内人組合を結成
1918（大正7） 1月、田中喜作衛門らスキーで上高地から中尾峠越え
百瀬慎太郎らが鹿島槍ヶ岳～針ノ木峠を縦走
10月、鹿子木員信がタルン氷河に入り黒カプア（カブール）登頂
12月、学習院の板倉勝宣、松方三郎らがクラッツァーらと五色温泉～信大高湯スキーツアー・コースを拓く
赤沼千尋が有明口登山案内人組合を結成
細野の大谷豊吉ら白馬登山案内人組合を結成
1919（大正8） 3月、板倉勝宣がスキーで常念乗越を越え槍沢に入る
7月、竹内ヒサが夫・鳳次郎と白馬岳、燕岳、槍ヶ岳登頂

15 矢沢米三郎・河野齢蔵『日本アルプス登山案内』／大町桂月『日本の山水』
16 窪田空穂『日本アルプスへ』／日本山岳会「山」第11年第1号「秩父号」／別所梅之介『霧の王国へ』
17 一戸直蔵・長谷川如是閑・河東碧梧桐『日本アルプス縦断記』／木本光三郎『吉野群峯』
18 W・ウェストン"The Playground of the Far East"（ロンドンで刊行）／戸川残花『大台ヶ原登山の記』
19 田部重治『日本アルプスと秩父巡礼』／北尾鐐之助『山岳巡礼』

15（大正4）中国に対し21カ条の要求交渉
17（大正5）ロシア革命。石井・ランシング協定（日米共同宣言）
18（大正7）シベリア出兵。米騒動
19（大正8）普通選挙獲得運動

富山県立女学校、同女子師範学校が立山登山
山田利一、寺島今朝一らが常念坊（現、常念小屋）を開業
岡部長量が山崎靴店の高橋修太郎に登山靴を模造させる
学習院山岳部創部
松井幹雄らが霧の旅会設立
1920（大正9）7月、田中喜左衛門ら黒部川上廊下を初めて完全下降
7月、藤島敏男と森喬が土樽～茂倉岳～一ノ倉岳～谷川岳～天神尾根～谷川温泉の登山
7月、信濃山岳会の土橋荘三が小林喜作の案内で北鎌尾根初踏破
東洋アルミナム会社が黒部川水平歩道（後の日電歩道）を拓く
7～8月、槙有恒がヴェッターホルン登頂、メンヒ～アイガー縦走
7～8月、竹内ヒサが鹿島槍、針ノ木峠～立山～劔岳（女性初）
小林喜作が槍ヶ岳・東鎌尾根に喜作新道を開削
早稲田大学山岳会、松本高校山岳部創設

「岩と雪」／大正登山ブーム

1921（大正10）1月、学習院の松方三郎ら燕岳にスキーで登頂
4月、内山数雄と笹川速雄がスキーで蓮華温泉から白馬岳に登頂
4月、北大の板倉勝宣が槍沢から槍ヶ岳試登
5月、舟田三郎ら積雪期の燕岳～槍ヶ岳を縦走

20　鹿子木員信『ヒマラヤ行』／村井弦斎『木曾の神秘境』
21　札幌・山とスキーの会「山とスキー」創刊（～1930）

20（大正9）国際連盟に正式加入、常任理事国となる
21　首相・原敬暗殺される

8月、日高新六郎がモン・ブラン登頂
9月、槇有恒らがアイガー東山稜を初登攀
†英国第一次エヴェレスト踏査隊（C・H＝ベリーら）のG・マロリーらがノース・コルに到達
西岡一雄が大阪に運動具店マリヤを開業
赤沼千尋、穂苅三寿雄が大槍小屋（現、ヒュッテ大槍）を、赤沼千尋が燕ノ小屋（現、燕山荘）を開業

1922（大正11） 1月、北大の板倉勝宣、加納一郎らがスキーで大雪山・旭岳に登頂
2月、慶大の青木勝らスキーで八ヶ岳・硫黄岳に登頂
3月、槇有恒ら積雪期の槍ヶ岳に初登頂
4月、慶大の三田幸夫らスキーで立山、剱岳に登頂
7月、早大と学習院のパーティが同日にそれぞれ北鎌尾根登攀
8月、土橋荘三ら小槍初登攀（中山彦一も同時期に登攀）
小林喜作が殺生小屋（現・殺生ヒュッテ）を開業
奥原英男らが島々登山案内者組合結成

1923（大正12） 1月、槇有恒、板倉勝宣、三田幸夫が立山で猛吹雪に遭い、帰路の松尾峠で板倉が疲労凍死
2月、第1回全日本スキー選手権大会が小樽で開催
2〜3月、伊藤孝一、百瀬慎太郎、赤沼千尋らが立山温泉〜室堂

---

22 早稲田大学山岳部「リュックサック」創刊／辻村伊助『スウィス日記』（横山書店版）

23 槇有恒『山行』／河田楨『一日二日山の旅』／窪田空穂『日本アルプス縦走記』

---

22 ワシントン条約調印、石井・ランシング協定廃棄

23 関東大震災

～平～針ノ木峠～大町を踏破。日本初の雪山記録映画『雪の立山・針ノ木越え』を制作
3月、小林喜作が息子と棒小屋沢で雪崩に遭い父子とも死亡
4月、東京大学にスキー山岳部創設
7～8月、竹内ヒサが鳳次郎、妹の岡田季と薬師岳～笠ヶ岳縦走
8月、村井米子が岳沢から穂高岳～槍ヶ岳の女性初縦走
8月、岡部長量、佐伯宗作が剱岳八ツ峰を下半、上半に分け初縦走
9月、辻村伊助が関東大震災の貯水池決壊で妻子とともに死亡
麻生武治がマッターホルンに登頂
片桐貞盛・盛之助が、武田久吉の依頼で武田型ルックザック製作
12～1月、榎谷徹蔵、藤木九三ら厳冬期の上ノ岳に登頂
上高地温泉株式会社が徳本峠小屋建設

1924（大正13）1月、早大の舟田三郎ら槍沢から厳冬期の槍ヶ岳に初登頂
4月、伊藤孝一ら、1月の薬師岳登頂後、上ノ岳～槍ヶ岳を縦走
5月、一高の浜田和雄ら赤石岳の積雪期初登
6月、藤木九三、水野祥太郎ら神戸にRCCを設立
7月、慶大の青木勝ら屏風岩2ルンゼ～慶応稜初登、北尾根6峰から上部を初登
西岡一雄が大阪で本邦初の山道具専門店「好日山荘」を創業

24 武田久吉『高山植物の話』／別所梅之助『山のしづく』／大阪朝日新聞社『日本アルプス百景』／富田砕花『登高行』

24 第二次憲政擁護運動

1925（大正14） 3月、三高の西堀栄三郎ら仙丈ヶ岳、北岳積雪期初登
7月、三高の今西錦司ら剱岳源次郎尾根末端から初登
7月、冠松次郎、沼井鐵太郎、岩永信雄ら宇治長次郎の案内で黒部川・下廊下を完全遡行し、十字峡などを発見
7月、槇有恒らがカナダのマウント・アルバータ初登頂
8月、藤木九三がガイド松井憲三と北穂高岳滝谷A沢を初登攀。同日早大の四谷龍胤らがガイド今田由勝とD沢初登攀
今田重太郎が穂高小屋を完成
百瀬慎太郎が大沢小屋を開業
山田利一が一ノ俣小屋を開業
陸地測量部が全国の五万分一地形図を完成

1926（大正15・昭和元） 1月、鹿子木員信らブライトホルン登攀
2月、麻生武治らモンテ・ローザ登攀
3月、浜田和雄ら爺ヶ岳を経て鹿島槍ヶ岳に積雪期初登頂
8月、秩父宮、槇有恒、松方三郎、藤木九三、麻生武治らヴェッターホルン、シュレックホルン、マッターホルンなどを登攀
白出沢～穂高小屋に今田重太郎による登山路が開通
穂苅三寿雄が槍ヶ岳に肩の小屋（現、槍ヶ岳山荘）開業
柴崎英夫が上田市に柴崎高陽写真館を開業

1927（昭和2） 1月、佐藤テルが厳冬期の富士山に登頂

---

25 田中薫『登山』／藤木九三『岩登り術』／小泉秀雄『大雪山』／北川淳一郎『四国アルプス』

26 柳田國男『山の人生』／平賀文男『日本南アルプスと甲斐の山旅』／田島勝太郎『山行記』

27 大町桂月『日本山水紀

---

25 治安維持法・普通選挙法公布

26 大正天皇死去。日本労働組合総連合結成

27 金融恐慌起こる

8月、三高の高橋健治ら剱岳チンネ左方ルンゼを初登攀
8月、松方三郎、浦松佐美太郎らアイガー東山稜末端ヘルンリ、ミッテルレギ小屋間を初登攀、次いでラ・メイジュ登攀
12月、早大山岳部が針ノ木岳籠川谷で雪崩遭難、4人死亡
長谷川伝次郎がチベットのカイラス山を巡る

1928（3）3月、大島亮吉が前穂高岳・北尾根4峰で墜落死
6月、各務良幸がマッターホルン北壁を試登
8月、浦松佐美太郎らヴェッターホルン南西稜を初登攀
黒田正夫・初子夫妻が聖岳・遠山川西沢を初遡行
山崎靴店が麻生武治の指導でスキー靴を作り始める
長谷川伝次郎がナンガ・パルバットを西南面から偵察

1929（4）7月、京大の高橋健治ら北岳バットレスdガリーを初登攀
黒田正夫・初子が中畠政太郎の案内で小槍登攀、槍ヶ岳～奥穂～西穂を縦走（女性初）
8月、岡田喜一がクナシリ島チャチャヌプリに登頂
9月、各務良幸がモン・モディ南東壁の新ルート登攀
松方三郎が片桐にキスリングのルックザックを模造させる（槙有恒、または麻生武治とも言われる）
仙台の山内東一郎がピッケルの商品生産を開始
札幌の門田直馬、茂がアイゼン製造開始

行』／日本山岳会の「山岳」第21年第2号「黒部特集号」

28 霧の旅会「霧藻」創刊／山とスキーの会「山とスキー」創刊／冠松次郎『黒部渓谷』

29 石川欣一『山に入る日』／舟田（船田）三郎『スキー登山』／泉靖一『遥かな山やま』／田部重治『山と渓谷』（『日本アルプスと秩父巡礼』を改題）／冠松次郎『立山群峰』『剣岳』／藤木九三『屋上登攀者』／松井幹雄『大菩薩連嶺』

28 済南事件、張作霖爆死事件

29 ニューヨーク株式大暴落、世界経済大恐慌起る

1930（5）1月、剱沢小屋で東大生、案内人ら6人が雪崩で死亡
3月、立教大の堀田彌一ら積雪期の唐松岳〜白馬岳を縦走
3〜4月、オーストリアのH・シュナイダーが来日。野沢温泉、菅平などでスキー講習を行なう
7月、青山学院の小島隼太郎ら谷川岳一ノ倉沢二ノ沢左俣初登
7月、小川登喜男が谷川岳一ノ倉沢三ルンゼ初登攀
8月、黒田初子が剱岳・八ツ峰上半部女性初登攀
高橋修太郎が独立し、登山・スキー靴専門店を開業
百瀬慎太郎が針ノ木小屋を開業
札幌の門田直馬がピッケル製造開始
京都の一澤常次郎がリュックザックの製作を開始
12月、堀田彌一ら鹿島槍ヶ岳に厳冬期初登頂
12〜1月、加藤文太郎が厳冬期の薬師岳〜烏帽子岳を単独初縦走

ヒマラヤを目ざす極地法

1931（6）1月、黒田正夫・初子が厳冬期の槍ヶ岳登頂（女性初）
1月、三田幸夫がインドのパンジャブ州クル地域に入り、ロータン峠などを踏査
2月、加藤文太郎が厳冬期の鹿島槍ヶ岳に単独初登頂
3月、堀田彌一ら黒部・東谷から鹿島槍ヶ岳、五竜岳積雪期登頂

30 武田久吉『尾瀬と鬼怒沼』／冠松次郎『黒部』／辻村伊助『スウィス日記』（梓書房版）『ハイランド』／大島亮吉『山―研究と随想』／板倉勝宣『山と雪の日記』／藤木九三『雪・岩・アルプス』／高畑棟材『山を行く』／日本山岳会「山日記」発刊／冠松次郎『双六谷』／舟田（船田）三郎『岩登』／吉沢一郎『登高記』／山と渓谷社「山と渓谷」創刊
31 黒田正夫・初子『山の素描』／角田吉夫『上越国境』／武田久吉『富士山』／アルピニズム社「アルピニズム」創刊／朋文堂「山小屋」創刊

30 金輸出解禁。ロンドン軍縮条約
31 満州事変。金輸出再禁止

3～4月、京大の伊藤愿ら積雪期の唐松岳～鹿島槍ヶ岳を縦走
5月、今西錦司らがヒマラヤ登山を目指して京都大学学士山岳会（AACK）設立、カブルー登頂を計画
8月、東大の小川登喜男ら屏風岩1ルンゼ初登
8月、松高の国塩研二郎ら前穂東壁CBAフェイスを初登
†7、8月、シュミット兄弟がマッターホルン北壁を初登攀
10月、国立公園法施行。34年から中部山岳国立公園など順次指定
10月、伊藤愿ら鹿島槍ヶ岳北壁主稜を初登攀
12月～32年1月、西堀栄三郎らAACK隊が富士山で極地法登山

1932（7）
2月、加藤文太郎が厳冬期の槍ヶ岳～抜戸岳～笠ヶ岳を単独で往復縦走。白馬岳に登頂
6月、山口清秀が谷川岳一ノ倉沢3ルンゼ・4ルンゼ中間リッジを単独で初登
今井雄二・喜美子が剱岳八ツ峰、源次郎尾根を登攀
村井米子が中畠政太郎の案内で穂高岳ジャンダルム飛騨尾根登攀
7月、富士山山頂東安ノ河原に中央気象台臨時気象観測所開設
12月、立大の斯波悌一郎ら厳冬期の白馬岳～鹿島槍～種池を縦走
12月、早大の今井友之助ら北穂滝谷第2尾根を積雪期初登
12月、松高の中村譲次ら屏風岩2ルンゼ積雪期初登
下川富男が唐松小屋を開業

32　小島烏水『氷河と万年雪の山』／長谷川伝次郎『ヒマラヤの旅』／ハイキング社「ハイキング」創刊

32　上海事変、五・一五事件。満州国建国

海野治良が好日山荘東京店を開業
1933（8） 1月、早大の今井友之助ら北穂滝谷第3尾根を積雪期初登
国沢武が鹿島槍ヶ岳で雪崩に遭い死亡
3月、堀田彌一ら八峰小屋からカクネ里、天狗尾根を経て積雪期の鹿島槍ヶ岳北峰に登頂
3月、加藤文太郎が積雪期の上高地〜槍ヶ岳〜穂高岳〜上高地〜乗鞍岳を単独初縦走
4月、小原勝郎ら積雪期の鹿島槍ヶ岳北壁を試登
8月、OKTの北条理一ら前穂北尾根4峰正面壁・北条＝後藤ルート初登
今井雄二・喜美子が北穂滝谷、ジャンダルム飛驒尾根を登攀
9月、東大の小川登喜男ら谷川岳一ノ倉沢衝立岩中央稜初登、10月、烏帽子岩南稜初登
上高地帝国ホテル開業。乗合バスを大正池まで延長
1934（9） 4月、早大の折井健一ら北穂滝谷第4尾根を積雪期初登
4月、日本登高会の中村太郎ら谷川岳一ノ倉沢滝沢下部を登るがAルンゼ上部で墜死
12月〜35年1月、今西錦司らAACK隊が朝鮮の白頭山に冬季初登頂。立山芦峅寺の佐伯宗作ら3人が参加
1935（10） 3月、京城帝大の泉靖一ら、朝鮮の冠帽主峰に登頂

33 W・ウェストン『日本アルプス 登山と探検』（岡村精一訳）／平賀文男『赤石渓谷』／原全教『奥秩父・正』（続・35）／春日俊吉『日本山岳遭難史』／藤木九三『峰・峠・氷河』／高橋文太郎『山と民俗』／朋文堂「ケルン」創刊
34 松井幹雄『霧の旅』／西岡一雄『泉を聴く』／高畑棟材『行雲とともに』／H・モルゲンターレル『山』（荒井道太郎訳）／深田久弥『わが山山』／梓書房「山」創刊（〜36年7月）
35 吉江喬松『山岳美観』／伊藤秀五郎『北の山』／尾

33 日本が国際連盟脱退
35 美濃部達吉の天皇

6月、徒歩渓流会の杉本光作が一ノ倉沢二ノ沢右俣を単独で初登
†6月、ドイツのR・ペータースらグランド・ジョラス北壁クロ側稜を初登攀
12月~翌1月、加藤泰安らのAACK隊が中国東北部の大興安嶺に遠征

1936（11） 1月、加藤文太郎、吉田登美久が槍ヶ岳北鎌尾根で遭難死
7月、登歩渓流会の笹淵奈美子が一ノ倉沢二ノ沢左俣女性初登攀
10月、立教大隊（隊長・堀田彌一）がガルワール・ヒマラヤのナンダ・コットに初登頂
CHC（カメラ・ハイキング・クラブ）が結成される
12月~翌1月、京城帝大の伊藤武雄らが冠帽主峰に厳冬期初登頂

1937（13） 1月、東京商大の小谷部全助ら北岳バットレス第1尾根、第4尾根積雪期初登
3月、東京商大の小谷部全助ら鹿島槍荒沢奥壁北稜を積雪期初登
上高地にウェストンのレリーフを設置
島々口案内人組合が涸沢小屋開業

1938（13） 7月、京大の鈴木信らモンゴルに遠征
†7月、ドイツのA・ヘックマイヤーらアイガー北壁初登攀
†8月、イタリアのR・カシンらグランド・ジョラス北壁ウォーカー側稜初登攀

崎喜八『山の絵本』／長尾宏也『山の隣人』／大島亮吉『先蹤者』

36 東京徒歩渓流会『谷川岳』／小島烏水『アルピニストの手記』／E・ウィンパー『アルプス登攀記』（浦松佐美太郎訳）

37 松方三郎『アルプス記』／竹節作太『ナンダ・コット登攀』／細井吉造『伊那谷・木曽谷』／坂本直行『山・原野・牧場』／E・ジャヴェル『一登山家の思い出』（尾崎喜八訳）

38 高橋文太郎『山の人達』／水野祥太郎『岩登り術』／朋文堂「山と高原」創刊（~65）／木暮理太郎『山の憶ひ出・上』（下・

機関説問題化

36 二・二六事件。日独防共協定締結

37 盧溝橋事件、日中戦争本格化

38 国家総動員法発令

1939（14） 1月、早大の今村正二ら台湾の玉山（新高山）東山北東稜、主山北稜、主山中央稜などを登攀
12月、松濤明、上條孫人が北穂滝谷第1尾根積雪期初登攀
CHCから東京山岳写真会が分立。この組織は、戦後、日本山岳写真協会に発展
1940（15） 3月、大阪商大の森本嘉一ら朝鮮・鴨緑江源流から白頭山登頂
7月、京大の周布光兼ら中国東北部の小興安嶺に遠征
田口一郎と二郎がグロース・シュレックホルン北壁を登攀
1941（16） 1月、関根吉郎ら極地法で朝鮮・豆満江から冠帽主峰に登頂
1942（17） 3月、関西登高会の新村正一ら屛風岩1ルンゼ積雪期初登攀
7月、京大の今西錦司ら中国東北部の大興安嶺に遠征
7月、松濤明ら北岳バットレス中央稜初登攀
12月〜43年1月、今村昌耕らの北大隊が日高山脈ペテガリ岳積雪期初登頂
1943（18） 7月、田口二郎がオーバーガーベルホルン、ブライトホルン登攀
8月、法大の国武一郎ら朝鮮の冠帽連山、頭露峰山脈、水白

1939）／尾崎喜八『雲と草原』
39 足立源一郎『山に描く』／朋文堂「山と高原」創刊（〜65）
40 茨木猪之吉『山旅の素描』／辻村太郎『山』／今西錦司『山岳省察』／平野長英・川崎隆章『尾瀬』／森本次男『樹林の山旅』
41 浦松佐美太郎『たった一人の山』／加藤文太郎『単独行』／鹿野忠雄『山と雲と蕃人と』／加藤泰三『霧の山稜』／武田久吉『尾瀬と日光』／黒田（村井）米子『山の明け暮れ』
42 岩科小一郎『山麓滞在』／吉沢一郎『北の山・南の山』／H・W・ティルマン『ナンダデヴィ登攀』（池野一郎訳）／朋文堂「探検」創刊

39 第二次世界大戦（〜45）
40 日独伊三国軍事同盟。大政翼賛会発足
41 太平洋戦争（〜45）
42（昭和17）ミッドウェー海戦
43 ガダルカナル島敗退
44 サイパン島陥落

山に遠征

1944（19）8月、田口二郎、高木正孝がメンヒ北壁ラウパー・ルートを第3登

10月、山稜会の伊藤洋平ら屏風岩北壁初登攀

1945（20）8月、田口二郎、高木正孝がヴェッターホルン北壁を登攀

戦後の復興、再び山へ

1947（20）3～4月、新村正一ら関西登高会隊が剱岳～槍ヶ岳を縦走

7月、石岡繁雄ら屏風岩中央カンテ初登攀

1948（23）3月、伊藤洋平ら屏風岩北壁積雪期初登攀

小山義治が北穂高小屋開業

1949（24）1月、松濤明、有元克己が槍ヶ岳北鎌尾根で遭難死

日本山岳会に婦人部（現・婦人懇談会）が設けられる

尾瀬の発電ダム建設に反対する尾瀬保存期成同盟結成

1950（25）ワサビ平～双六池に小池新道が開通

†6月、フランス隊（隊長M・エルゾーグ）がアンナプルナⅠ峰初登頂

1951（26）2月、徒歩渓流会の川上晃良が利尻山東稜から積雪期

---

43 田中薫『氷河の山旅』／猪谷六合雄『雪に生きる』／川崎隆章『尾瀬と檜枝岐』

44 中村清太郎『山岳渇仰』／桑原武夫『回想の山山』／「山と溪谷」「山と高原」「錬成旅行」3誌を「山とスキー」に統合（45年まで）

46 「山と溪谷」復刊

47 伊藤洋平ら「岳人」創刊

48 石岡繁雄『屏風岩登攀記』／松方三郎『アルプスと人』

50 桑原武夫『登山の文化史』（『回想の山山』を改題）／松濤明『風雪のビヴァーク』（東京登歩渓流会）／新ハイキング社「新ハイキング」創刊

---

45 3～5月、東京大空襲

4月、米軍沖縄上陸

8月、広島・長崎に原爆／ポツダム宣言受諾

9月、降伏文書調印

46 11月、日本国憲法公布（47年5月施行）

47 4月、六三三制新教育実施

48 11月、極東国際軍事裁判終る

49 4月、単一為替レート（1ドル＝360円）決定

10月、中華人民共和国成立

11月、湯川秀樹がノ

単独初登
7月、傘木徳十ら法政大山岳部が北仙人尾根から剱岳登頂
尾瀬保存期成同盟が日本自然保護協会に発展的改組
前穂高岳〜岳沢に重太郎新道が開通
涸沢ヒュッテ開業
11月、大町市立山岳博物館が開館
1952（27） 9〜10月、日本山岳会がマナスル踏査隊（隊長・今西錦司）を派遣
1953（28） 1月、早大のアンデス遠征隊（隊長・関根吉郎）がアコンカグア主峰、南峰に登頂
3〜6月、日本山岳会第1次マナスル登山隊（隊長・三田幸夫）が7500メートルまで到達
†5月、イギリス隊（隊長J・ハント）がエヴェレスト初登頂
†7月、ドイツ・オーストリア合同隊（隊長K・ヘルリヒコッファー）のH・ブールがナンガ・パルバット初登頂
1954（29） 3〜6月、日本山岳会第2次マナスル登山隊（隊長・堀田彌一）が現地住民の反対で登山断念
†7月、イタリア隊（隊長A・デジオ）がK2初登頂
†10月、オーストリア隊（隊長H・ティッヒー）がチョ

53 M・エルゾーグ『処女峰アンナプルナ 人類最初の八〇〇〇米峰登頂』（近藤等訳）
54 J・ハント『エヴェレスト登頂』（望月達夫・田辺主計訳）／安川茂雄『谷川岳研究』
55 伊藤洋平『回想のヒマラヤ』／串田孫一『若き日の山』／H・ブール『八千米の上と下』（横川文雄訳）／新田次郎『強力伝』

ーベル賞受賞
50 6月、朝鮮戦争起こる。
8月、警察予備隊設置
11月、レッドパージ始まる
51 9月、サンフランシスコ平和条約・日米安全保障条約調印
52 4月、日米行政協定調印／日華平和条約
5月、血のメーデー事件
6月、日印平和条約
53 2月、NHKテレビ放送開始
7月、朝鮮休戦協定調印

ー・オユー初登頂
11月、富士山吉田大沢で日人、東大、慶大山岳部員が雪崩に巻き込まれ15人が死亡

1955（30）1月、前穂東壁でナイロン・ザイル切断のため岩稜会パーティの若山五朗が墜落死
3月、古川純一ら谷川岳一ノ倉尾根積雪期初登攀
4月、東京製綱の蒲郡工場でマニラ麻とナイロン・ザイル強度比較実験が行なわれる
5月、全日本山岳連盟結成
†5月、フランス隊（隊長J・フランコ）マカルー初登頂
†5月、英国隊（隊長C・エヴァンズ）がカンチェンジュンガ初登頂
9月、古川純一、小森康行が谷川岳幽ノ沢中央壁を初登攀
12月、日本山岳会『山日記』がナイロン・ザイルの岩角欠陥説を否定した篠田軍治の論文を掲載

マナスル登頂から登山ブームへ

1956（昭和31）5月、日本山岳会第3次登山隊（隊長・槙有恒）がマナスル初登頂
†5月、スイス隊（隊長A・エクラー）がローツェ初登頂

（直木賞）／H・ハーラー『チベットの七年』（近藤等訳）／A・F・ママリー『アルプス・コーカサス登攀記』（石一郎訳）／G・レビュファ『星と嵐』（近藤等訳）／J・コスト『アルピニストの心』（近藤等訳）／山と溪谷社「ハイカー」創刊

56　安川茂雄『回想の谷川岳』／W・ノイス『エヴェレスト―その人間的記録』（浦松佐美太郎訳）／E・ヒラリー『わがエヴェレスト』（松方三郎・島田巽訳）／槇有恒『マナスル登頂記』／坂本直行『開墾の記』／串田孫一『博物誌』／G・O・ディーレンフルト『第三の極地』（諏訪多栄蔵訳）／G・レイ『アルピニズモ・アクロバチコ』（河合亭訳）／F・ロッシュ『ザイルのトップ』

54　3月、日米相互防衛援助協定（MSA）／第五福竜丸被爆事件
6月、警察法、防衛省設置法、自衛隊法成立。

55　8月、ガット加入
10月、社会党統一
11月、保守合同、55年体制へ
12月、原子力基本法成立

56　神武景気

†7月、オーストリア隊（隊長F・モラベック）がガッシ
ャブルムⅡ峰初登頂
湯俣温泉〜三俣山荘に伊藤新道が開通
1957（32）2月から58年2月、第1次南極越冬隊（隊長・西堀
栄三郎）が昭和基地で越冬
3月、原田輝一、吉尾弘が谷川岳一ノ倉沢滝沢本谷を積雪
期初登攀
†6月、オーストリア隊（隊長M・シュムック）がブロー
ド・ピーク初登頂
1958（33）1月、奥山章ら北岳バットレス中央稜積雪期初登攀
1月、奥山章らRCCⅡを設立
3月　吉尾弘、芳野満彦ら剣岳チンネ正面壁積雪期初登攀
3〜6月、深田久弥らジュガール／ランタン・ヒマールを
踏査
6月　松本龍雄ら谷川岳一ノ倉沢コップ状岩壁正面壁雲表
ルート、松本勉ら同緑ルート初登攀
7月、京大隊（隊長・桑原武夫）がチョゴリザ北東峰初登
頂
†8月、アメリカ隊（隊長N・クリンチ）がガッシャブル
ムⅠ峰初登頂

（近藤等訳）／A・デジオ『K2
登頂』（近藤等訳）
57　坂本直行『原野から見た山』／
川喜田二郎『ネパール王国探検
記』／深田久弥『ヒマラヤ登攀
史』／E・シプトン『エヴェレ
ストへの長い道』（深田久弥訳）
／井上靖『氷壁』／小林義正『山
と書物』／尾崎喜八『歳月の歌』
／串田孫一『山のパンセ』／安川
茂雄『霧の山』／瓜生卓造『単独
登攀』／K・メイスン『ヒマラ
ヤ―その探険と登山の歴史』（田
辺主計・望月達夫訳）／L・ラ
シュナル、J・エルゾーグ『若き
日の山行』（近藤等訳）／畦地梅
太郎『山の眼玉』
58　上田哲農『日翳の山ひなたの
山』／山崎安治『穂高星夜』／西
堀栄三郎『南極越冬記』／創文社

10月、日ソ復交に関
する日ソ共同宣言調
印
12月、日本が国際連
合加盟
57　12月、日ソ通商条
約調印。10月、南極
本観測隊宗谷出発
なべ底景気
58　4月、売春防止法
施行
12月、一万円札発行
／東京タワー完成

1959（34） 1月、雲表倶楽部の松本龍雄ら屛風岩中央カンテ～北尾根4峰正面壁甲南ルートを継続登攀
4月、東京雲稜会の南博人らが屛風岩東壁初登攀
8月、南博人らが谷川岳一ノ倉沢衝立岩正面壁初登攀
10月、飯田山岳会隊（隊長・山田哲雄）がランタン・ヒマールのサルバチョメ登頂

1960（35） 2月、独標登高会の久間田芳雄ら一ノ倉沢滝沢第1スラブ積雪期初登
4月、全日本山岳連盟と日本山岳会が日本山岳協会を組織し、日本体育協会に加盟
5月、勤労者山岳会（現・日本勤労者山岳連盟）結成
5月、慶大隊（隊長・山田二郎）がヒマルチュリ初登頂
†5月、国際隊（隊長M・アイゼリン）がダウラギリI峰初登頂
7月、建設省地理調査所が建設省国土地理院に改称
9月、谷川岳一ノ倉沢衝立岩正面壁で宙吊り遺体を自衛隊が銃撃で収容
11月、女性隊のブッシュ山の会隊（隊長・細川沙多子）がパンジャブ・ヒマラヤのデオ・ティバに登頂
11月、富士山吉田大沢の雪崩で死者11人、重軽傷32人

「アルプ」創刊／山と溪谷社「岩と雪」創刊／原全教『奥秩父研究』／伊藤洋平『山と雪の青春』／G・コガン、N・レイナンジュ『白嶺 コルディエラ・ブランカ』（近藤等訳）

59 村木潤次郎『ヒマルチュリ』／中尾佐助『秘境ブータン』／深田久弥・風見武秀『氷河への旅』／深田久弥『雲の上の道』／芳野満彦『山靴の音』／F・スマイス『キャンプ・シックス』（伊藤洋平訳）／岡田紅陽『富士』／朋文堂「世界山岳全集」全13巻刊行開始／吉江喬松『アルプの麓』／桑原武夫『チョゴリザ登頂』／岩科小一郎『大菩薩連嶺』／G・マニョーヌ『ドリュの西壁』（山口耀久訳）

60 山口耀久『北八ツ彷徨』／松濤

59 2月、黒部トンネル貫通
4月、皇太子結婚
9月、伊勢湾台風
岩戸景気

60 1月、日米新安保条約調印
1～10月、三井三池争議
安保闘争激化
6月、全学連デモ国会突入／六・一五事件（樺美智子死亡）
10月、浅沼稲次郎暗殺
消費・レジャーブーム

1961（36）†3月、オーストリアのT・ヒーベラーらアイガー北壁を冬季初登攀
5月、大阪市大隊（隊長・森本嘉一）がランタン・リルンで雪崩に遭い3人死亡し、撤退
1962（37）1月、吉尾弘らが屏風岩東壁〜前穂東壁右岩稜〜Dフェースを継続登攀
†2月、スイス（アルメンら）、オーストリア（クレムプケら）、ドイツ（ビットナーら）の各隊がマッターホルン北壁を冬期初登攀
5月、全日本岳連隊（隊長・高橋照）がビッグ・ホワイト・ピーク初登頂
5月、北大隊（隊長・中野征紀）がチャムラン初登頂
7月、京大隊（隊長・四手井綱彦）がサルトロ・カンリ初登頂
1963（38）1月、愛知大学山岳部が薬師岳東南尾根に迷い込み13人全員が遭難死
†1月、イタリアのW・ボナッティらグランド・ジョラス北壁ウォーカー側稜を冬季初登攀
8月、東大隊（隊長・加藤誠平）がバルトロ・カンリ最高峰のⅢ峰に初登頂

明『風雪のビバーク』（朋文堂版）／中村清太郎『ある偃松の独白』／小林義正『続・山と書物』／M・シュムック『ブロード・ピーク』（横川文雄訳）
61 江上康『アピ』／小山義治『穂高を愛して二十年』／加藤喜一郎『山に憑かれた男』／山崎安治『剣の窓』／中島正文『北アルプスの史的研究』
62 百瀬慎太郎『山を想へば』／あかね書房「日本山岳名著全集」全12巻刊行開始
63 田部重治『わが山旅五十年』（桃源社版）／独標登高会『八ヶ岳研究・上』（下・73）／第2次RCC『登攀者　残雪期登攀記録集』／G・レビュファ『天と地の間に』（近藤等訳）／吉尾弘

61 7月、株式大暴落／金融引き締め
62 8月、堀江謙一、太平洋単独横断航海に成功
11月、日中総合貿易覚書調印／金融引き締め解除
63 3月、低金利政策始まる
6月、黒部川第4発電所完工
10月、東海村原子力発電所完成

†8月、スイスのM・ダルベレーがアイガー北壁単独初登攀
10月、大阪府立大・都立大隊（隊長・石原憲治）がシャルプーI峰初登頂
10月、同志社大隊（隊長・児島勘次）がサイパル初登頂
梓川〜奥又白池に中畠新道が開通

1964（39）4月、全日本岳連隊（隊長・古原和美）がギャチュン・カンに初登頂
†5月、中国隊（隊長・許競）がシシャパンマ初登頂
10月、京大隊（隊長・樋口明生）がアンナプルナ南峰初登頂
10月、富士山測候所でレーダー運用開始

アルプス三大北壁へ、ヒマラヤの頂へ

1965（40）†2月、W・ボナッティがマッターホルン北壁冬季単独初登攀
2〜6月、東京緑山岳会の青木敏、森田勝が屏風岩東壁から縦走して鹿島槍ヶ岳北壁登攀
2〜6月、早大隊（隊長・吉川尚郎）がローツェ・シャールに遠征するが登頂に至らず
†3月、ネパール政府がヒマラヤ登山を禁止
4月、明大隊（隊長・高橋進）に参加した植村直己がゴジュ

『垂直に挑む男』／穂苅三寿雄『槍岳開祖播隆』

64 福田宏年『パルン氷河紀行』／深田久弥『日本百名山』（65・読売文学賞）／深田久弥『ヒマラヤの高峰』（雪華社版・全5巻＋別冊）刊行開始／伊藤正一『黒部の山賊』

65 浜野吉生『アンデスからヒマラヤへ』／古川純一『わが岩壁』／山本三郎『登山者のための気象学』／寺田甲子男『山岳サルベージ繁盛記』／第2次RCC『挑戦者 '65アルプス登攀の記録』

64 10月、東海道新幹線開業／東京オリンピック開催

65 2月、米軍ヴェトナム北爆開始
4月、ベ平連発足
6月、日韓基本条約調印
12月、朝永振一郎がノーベル賞受賞

ンバ・カンⅡ峰初登頂
8月、芳野満彦と渡部恒明がマッターホルン北壁を日本人初登攀
8月、星川政範、加藤滝男がドリュ西壁登攀
8月、高田光政と渡部恒明がアイガー北壁を登攀し、渡部が途中で墜落死するが高田は登頂
8月、大倉大八、長久実がドリュ南西岩稜登攀

1966（41） 1月、日本山岳会東海支部隊（隊長・石原国利）がペルーのアコンカグア南壁を登攀
3月、富山県登山届出条例施行
†3月、J・ハーリン、D・ハストンペアのハストンとJ・レーネらドイツパーティがアイガー北壁直登ルートを初登攀。ハーリンは墜死
6〜8月、日大隊（中島啓ら）が東グリーンランドのフォーレル山などに登頂
第2次RCCの安川茂雄らヒンズー・クシュ諸峰を登頂
8月、独標登高会の伊藤敏夫らグランド・ジョラス北壁ウォーカー側稜を日本人初登攀
12月、佐宗ルミエ、田部井淳子が谷川岳一ノ倉沢衝立岩中央稜登攀

66 佐伯富男『あるガイドの手記』／F・スマイス『ウィンパー伝』（吉沢一郎訳）／加藤泰安『森林・草原・氷河』／辻まこと『山からの絵本』／本多勝一『山を考える』／北杜夫『白きたおやかな峰』／松本龍雄『初登攀行』／H・ハラー『白いクモ』（横川文雄訳）／G・レイ『マッターホルン』（青木枝朗訳・世界山岳名著全集）／G・ソニエ『空の大地』（青柳健訳）／T・ヒーベラー『死はともに登る』（吉城肇訳）／L・テレイ『無償の征服者』（横川文雄・大森久雄訳）／W・ボナッティ『わが山々へ』

66 2月、全日空機羽田沖墜落事故
4月、中国文化大革命起こる
6月、基地基本法成立
7月、新東京国際空港公団発足

1967（42） 1月、谷川岳遭難防止条例施行
2月、森田勝、岩沢英太郎が一ノ倉沢滝沢第3スラブ積雪期初登攀
2月、山学同志会の小西政継らマッターホルン北壁冬季登攀
4〜6月、北海道岳連隊（隊長・佐々木孝雄）がマッキンリー南壁カシン・リッジを登攀（第2登）
5月、社団法人日本山岳協会設立（認可は68年）
7月、中央アルプスの駒ヶ岳ロープウェイ開通
7月、立山千寿ヶ原に文部省登山研修所開設
7〜8月、一橋大隊（隊長・山本健一郎）がヒンズー・クシュのサラグラール南峰などに初登頂
5〜9月、東京白稜会隊（隊長・市川正）がペルーのエル・トロ（第2登）などに登頂
7月、東京農工大隊（隊長・田中元）がペルーのヒリシャンカ北東稜初登攀
7月、今井通子、若山美子がマッターホルン北壁女性初登攀
8月、森栄ら奥鐘山西壁広島ルート初登
8月、松本深志高校生が、集団登山中の西穂高岳・独標付近で落雷に遭い死亡11人、重軽傷13人
1968（43） 2月、植村直己がアコンカグアに単独で登頂。4〜6

（近藤等訳）／T・ヒーベラー『マッターホルンの暗い壁』（横川文雄訳・世界山岳名著全集）／E・フレンド『グランド・ジョラスの北壁』（近藤等訳・世界山岳名著全集）
67 冠松次郎『山渓記』（全五巻〜1969）／E・シプトン『わが半生の山々』（吉沢一郎訳）世界山岳名著全集／H・W・ティルマン『赤道の雪』（吉沢一郎訳・世界山岳名著全集）／C・G・ブルース『ヒマラヤの漂泊者』（加納一郎訳・世界山岳名著全集）／J・フランコ／L・テレイ『ジャヌーへのたたかい』（近藤等訳）

67 4月、美濃部亮吉が東京都知事に当選
6月、ケネディ・ラウンド調印
6月、中東戦争起こる
68 5月、富山県のイタイイタイ病が公害病認定

月、アマゾン河源流付近から6000キロを筏で下る
4～8月、日本・インド合同婦人隊（隊長・宮崎英子）がパンジャブのカイラスに登頂
7～8月、日本婦人西アジア隊（隊長・佐藤京子）がトルコのアララット、イランのデマベンド、パキスタンのイストル・オ・ナール前峰などに登頂
6～10月、日大隊（隊長・池田錦重）がグリーンランドの内陸氷床を横断、フォーレル山など登頂
8月、森栄ら唐沢岳幕岩正面壁広島ルート初登
9月、OCCの近藤国彦ら奥鐘山西壁OCCルート初登
12月、第9次南極観測隊（隊長・村山雅美）雪上車で南極点到達

1969（44） 4～5月、日本山岳会隊（隊長・藤田佳宏）がエヴェレスト南西壁を偵察
7～8月、JECCの加藤滝男らアイガー北壁に直登ルート開拓
7～8月、静岡隊（隊長・勝見幸雄）がキナバル山ローズガリー日本鉄人ルート初登
10月、長谷川恒男ら明星山P6南壁右フェースルート初登
10月、日本山岳会エヴェレスト第2次偵察隊（隊長・宮下秀樹）が南西壁を試登、8050メートルに到達
12～70年1月、広島山の会の高見和成ら唐沢岳幕岩正面壁広島ル

68 望月達夫『遠い山近い山』／高田光政『北壁の青春』／小西政継『マッターホルン北壁』／今井通子『私の北壁』／E・ノートン『エヴェレストへの闘い』（山崎安治訳）／山学同志会『谷川岳の岩場』／あかね書房「ヒマラヤ名著全集」全12巻刊行開始／槙有恒『わたしの山旅』／D・フレッシュフィールド『カンチェンジュンガ一周』（薬師義美訳）／M・コンウェイ『カラコルムの夜明け』（吉沢一郎訳）
69 新田次郎『孤高の人』／日高信六郎『朝の山残照の山』／初見一雄『すこし昔

6月、小笠原諸島復帰／大学紛争拡大
9月、水俣病を公害認定
12月、川端康成、ノーベル賞受賞
69 5月、いざなぎ景気
10月、反戦デー新宿事件。
11月、赤軍派、大菩薩峠事件

ート積雪期初登

1970(45) 1月、森田勝らアイガー北壁冬季日本人初登攀(1938年ルート冬季第2登)

2月、山学同志会の遠藤二郎らアイガー北壁ハーリン直登ルート第2登

†5月、イギリス隊(C・ボニントン)がアンナプルナI峰南壁初登攀

5月、エヴェレスト・スキー探検隊の三浦雄一郎が7780メートル地点からスキー滑降

5月、日本山岳会エヴェレスト登山隊(隊長・松方三郎、登攀隊長・大塚博美)が南東稜から日本人初登頂。南西壁隊は8050メートルに到達

5月、女子登攀クラブ隊(隊長・宮崎美子)アンナプルナⅢ峰登頂

5月、日本山岳会東海支部隊(総隊長・伊藤洋平、登攀隊長・原真)がマカルー南東稜初登(日本人初)

†7月、西ドイツのヘルリヒコッファー隊のメスナー兄弟がナンガ・パルバット南壁(ルパール壁)初登

8月、植村直己がマッキンリーに単独登頂(五大陸最高峰登頂)

10月、同志社大隊(隊長・太田徳風)がダウラギリI峰に登頂(第2登・日本人初)

の話』/川崎精雄『雪山・藪山』/今西錦司『日本山岳研究』/近藤等『アルプスからヒマラヤへ』/山崎安治『日本登山史』/P・バウアー『ナンガ・パルバート登攀史』(横川文雄訳)/安川茂雄『日本近代登山史』

70 藤島敏男『山に忘れたパイプ』/W・ウェストン『極東の遊歩場』(岡村精一訳)/藤木九三『ある山男の自画像』

---

70 3月、日本万国博覧会開催

3月、日航機よど号ハイジャック事件

6月、日米安保条約自動延長

1971（46） 1月、山学同志会の小西政継らグランド・ジョラス北壁ウォーカー側稜を登攀
4月、日本アルパインガイド協会設立
5月、東京都岳連隊（隊長・高橋照）がマナスル北西支稜初登攀
†5月、フランス隊（隊長R・パラゴ）がマカルー西稜初登攀
6月、朝日岳～親不知に栂海新道が開通
6月、立山黒部アルペンルート全線開通
7月、静岡登攀クラブ隊（隊長・秋山礼佑）がヒンドゥ・クシュのサラグラール南西峰西壁初登

1972（47） 1月、山学同志会の伊藤礼造、小川信行がブルイヤールの赤い岩稜冬季初登攀
3月、神田泰夫、加藤保男、宮崎秀夫、斎藤和英がグランド・ジョラス北壁中央クーロワール初登攀
3月、OCCの近藤国彦ら奥鐘山西壁京都ルート～OCCルート積雪期初登
3月、富士山御殿場口で低体温症と雪崩により18人死亡、6人が行方不明
8月、東京岳人倶楽部の渡辺斉らが黒部別山大タテガビン南東壁正面壁岳人第2ルート初登
10月、同流山岳会隊（隊長・多田勇三）アンナプルナ南峰東稜初登

71 植村直己『青春を山に賭けて』／武田久吉『明治の山旅』／猪谷六合雄『定本 雪に生きる』／安川茂雄『日本アルプス山人伝』／山と溪谷社『世界山岳百科事典』

72 近藤等『アルプスの空の下で』／C・ボニントン『アンナプルナ南壁』（山崎安治訳）／R・T・デュ・モンセル『われらのものならぬ世界』（桑原武夫・高田方一郎訳）／R・デメゾン『素手の山』（近藤等訳）

71 2月、9月、成田空港用地強制代執行で反対闘争
8月、ドル・ショック
10月、中国、国連加盟

72 2月、浅間山荘事件
5月、沖縄復帰／日本赤軍テルアビブ空港乱射事件
9月、日中国交正常化

1973（48）1月、鈴木勝、関野寿、中野融、青木嘉夫がドロワット北壁クジー・ルート冬季初登攀

2～4月、植村直己がグリーンランドで往復3000キロの犬橇単独旅行

3月、遠藤甲太が谷川岳一ノ倉沢αルンゼを積雪期単独初登

5月、山学同志会隊（隊長・嶋村幸男）がアンナプルナⅡ峰に北面新ルートから登頂、Ⅳ峰登頂

5月、京大隊（総隊長・西堀栄三郎、登攀隊長・樋口明生）がヤルン・カン初登頂、下山中に松田隆雄が行方不明

7月、東京露草登高会隊（隊長・篠原正行）がペルーのヒリシャンカ南東壁初登攀

10月、第2次RCC隊（隊長・水野祥太郎）はエヴェレスト南西壁8380メートルで断念、南東稜から登頂

通産省が登山用ロープを消費生活用製品安全法の対象とする

1974（49）3月、長谷川恒男（冬季単独初登）と高橋寛明、新井清ペアが同時に谷川岳一ノ倉沢滝沢第二スラブを冬季初登

5月、同人ユングフラウ隊（隊長・黒石恒）がマナスルに登頂（女性初の8000メートル峰登頂）

7月、井上進、松見新衛がプトレイ大岩稜井上＝松見ルート初登

12月、山学同志会の今野和義ら越後駒ヶ岳佐梨川金山沢奥壁第5

---

73 新田次郎『栄光の岩壁』／奥山章『ザイルを結ぶとき』

74 R・メスナー『第7級』（横川文雄訳）／R・デメゾン『グランド・ジョラスの342時間』（近藤等訳）

---

73 2月、円の変動為替相場制移行

8月、金大中事件

10月、石油危機

74 3月、ルバング島で、元軍人小野田寛郎発見

8月、堀江謙一、単独無寄港世界一周航海に成功

スラブを積雪期初登

1975（50）1月、長谷川恒男が屛風岩第1ルンゼ、北尾根4峰正面壁、前穂東壁、滝谷を単独で連続登攀

3〜4月、細貝栄、工藤栄一が積雪期日高山脈全山縦走

5月、岡山大隊（隊長・楳木栄一）がダウラギリⅤ峰初登頂

5月、大阪府岳連隊（隊長・野村哲也）がダウラギリⅣ峰初登頂、登頂後隊員2人が消息不明

5月、日本女子登山隊（隊長・久野英子）の田部井淳子がエヴェレストに女性初登頂

†8月、R・メスナーとP・ハーベラー、ガッシャブルムⅠ峰にアルパイン・スタイルで登頂

†9月、イギリス隊（隊長C・ボニントン）がエヴェレスト南西壁初登攀

通産省が登山用ロープの安全基準を設け、メーカーに性能表示を義務づける

ヒマラヤ登攀の時代へ

1976（51）3月、鴫満則がモン・ブラン、ブレンバ・フェースのマジョール（冬季初）、ポアール（冬季2登）両ルートを単独登攀

5月、植村直己がグリーンランド〜カナダ〜アラスカの北極圏1

75 岡茂雄『炉辺山話』／渡辺公平『山は満員』・辻まこと『山で一泊』／E・シプトン『ダッタンの山々』（水野勉訳）／H・W・ティルマン『カラコルムからパミールへ』（薬師義美訳）／D・スネルグローブ『ヒマラヤ巡礼』（吉永定雄訳）／C・ボニントン『わが青春の登攀』（青柳健訳）

76 島田巽『山・人・本』／伊藤秀五郎『北の山続篇』／H・W・ティルマン

75 4月、サイゴン陥落

7月、沖縄海洋博覧会（〜76・1月）

9月、天皇、皇后訪米

76 2月、ロッキード事件問題化

7月、ロッキード事

万2000キロを犬橇で単独走破（74年12月〜）
6月、山学同志会の小西政継らジャヌー北壁初登攀
6月、戸田直樹らガルワール・ヒマラヤのチャンガバン南西稜初登攀
6月、日印登山隊（隊長・鹿野勝彦）がナンダ・デヴィ東峰から主峰へ初縦走
7月、芝浦工大隊（隊長・秋山知也）がバルトロ・カンリⅢ峰、Ⅱ峰、Ⅰ峰を縦走（Ⅱ峰、Ⅰ峰は初登頂）
6〜8月、近藤国彦ら岡山クライマース・クラブ隊がペルーのワンドイ南峰南壁、チャクララフ東峰南壁、イエルパハ北西壁を初登攀
10〜11月、林泰英、吉野正寿がヨセミテのハーフドーム北西壁、エル・キャピタン、ノーズを登攀（日本人初）
12月、日本山岳会が『山日記』に、ナイロン・ザイル事件に関する篠田論文掲載について陳謝の声明を掲載
ゴアテックスが米Early Winters社のテントに初めて採用

1977（52） 2月、長谷川恒男がマッターホルン北壁冬季単独登攀（シュミット・ルートは冬季単独初）
5月、徒歩渓流会隊（隊長・加藤春雄）がヌプツェ北西峰初登頂
8月、日本山岳協会隊（隊長・新貝勲）がK2に登頂（第2登・

『ネパール・ヒマラヤ』（深田久弥訳）／R・ショーンバーグ『異教徒と氷河—チトラル紀行』（雁部貞夫訳）／C・ボニントン『地の果ての山々』（山崎安治訳）／G・レビュファ『星にのばされたザイル』（近藤等訳）／山と溪谷社「Outdoor」創刊／安川茂雄『近代日本登山史』・増補版

77 新田次郎『劔岳 点の記』／瓜生卓造『檜原村紀聞』（77・読売文学賞）／E・ヒラリー『ヒラリ

件で田中角栄元首相ら逮捕

77 8月、有珠山噴火
9月、日本赤軍ダッカ事件
10月、円高ドル安

日本人初）
8月、愛知学院大隊（隊長・湯浅道男）がブロード・ピーク登頂（第2登・日本人初）
10月、宝剣岳天狗岩で第1回日山協岩登り競技会開催
12月〜78年1月、竹中昇ら日本海〜槍ヶ岳積雪期初縦走

1978（53）3月、鴫満則、鴫秋子がマッターホルン北壁登攀（冬季女性初）
3月、長谷川恒男がアイガー北壁1938年ルート冬季単独初登攀
3〜4月、日大隊（隊長・池田錦重）が犬ぞりで4月27日に北極点到達
3〜4月、植村直己が犬ぞりで北極点到達（単独初）。5〜8月、犬ぞり単独行でグリーンランド縦断
†5月、オーストリア隊（W・ナイルツ）のR・メスナーとP・ハーベラーがエヴェレストに無酸素初登頂
5月、イエティ同人隊（隊長・雨宮節）ダウラギリI峰南稜初登攀
†8月、R・メスナーがナンガ・パルバット西壁から単独初登頂
10月、群馬岳連隊（隊長・田中成幸）ダウラギリI峰南東稜初登攀
10月、大阪市大・トリブバン大隊（隊長・伴明）がランタン・リルンに初登頂

ー自伝』（吉沢一郎訳）／C・ボニントン『エヴェレスト南西壁』（大浦暁生・平林克敏訳）

78 中村清太郎『山岳礼拝』／片山全平『ヒマラヤ取材記』／田部井淳子『エヴェレスト・ママさん』／近藤信行『小島烏水—山の風流使者伝』（78・大佛次郎賞）／G・O・ディーレンフルト『ヒマラヤ—第三の極地』（福田宏年訳）／R・メスナー『挑戦：二人で8000メートル峰へ』（横川文雄訳）／徳久球雄監修『コンサイス日本山名事典』

（1ドル250円を割る）、戦後最大の不況

78 5月、成田空港運用開始
8月、日中平和友好条約調印
9月、有珠山マグマ水蒸気爆発
10月、円高180円を割り反転

10月、明治学院大隊（隊長・小堀一政）がヌン東稜初登攀
11月、上島康嗣、藤原雅一がエル・キャピタンのウェストバットレスを登攀

1979（54）1月、鳴満則、鳴秋子がブレンヴァのグラン・クーロワール初登攀
2～3月、長谷川恒男がグランド・ジョラス北壁ウォーカー稜を冬季単独初登攀
2～3月、鈴木恵滋がドロワット北壁ダヴァイユ・ルートを冬季単独初登攀
5月、静岡岳連隊（隊長・八木公信）がアンナプルナI峰に登頂（日本人初）
5～6月、戸田直樹、平田紀之がヨセミテのミドル・カシードラル・ロックなどを登攀
5～6月、広島山の会隊（隊長・寺西洋治）がカラコルムのラトックⅢ峰初登頂
5～6月、ビアフォ・カラコルム登攀隊（隊長・高田直樹）がカラコルムのラトックI峰初登頂
8月、早大隊（隊長・大谷映芳）がラカポシ北稜初登攀
10月、カモシカ同人隊（隊長・高橋通子）ダウラギリⅡ、Ⅲ、Ⅴ峰初縦走

79 三田幸夫『わが登高行・上』（下・80）／上田豊『残照のヤルン・カン』／長谷川恒男『北壁に舞う』／瓜生卓造『日本山岳文学史』／T・ロングスタッフ『わが山の生涯』（望月達夫訳）／J・D・フーカー『ヒマラヤ紀行』（薬師義美訳）／S・ヘディン『カラコルム探検史』（水野勉・雁部貞夫訳）／徳久球雄監修『コンサイス日本山名事典』修訂版

79 1月、ダグラス・グラマン事件
6月、東京サミット
10月、御嶽山噴火

11月、南アルプススーパー林道完成

フリークライミング

1980（55）†2月、ポーランド隊（隊長A・ザヴァダ）がエヴェレストに冬季初登頂
2月、鴫満則がモン・ブラン、フレネイ中央岩稜冬季単独初登攀
2月、森田勝らグランド・ジョラス北壁で墜死
5月、戸田直樹ら谷川岳一ノ倉沢コップ状岩壁正面壁をフリー化
5月、日本山岳会隊（隊長・渡辺兵力）がチョモランマ（エヴェレスト）に北稜と北壁（初登攀）から登頂
5月、山学同志会隊（隊長・小西政継）がカンチェンジュンガに北壁（初登攀）から無酸素登頂（日本人初）
6月、高山研究所の禿博信、上島康嗣がマッキンリー1日で登降
8月、富士山吉田大沢の岩雪崩で12人死亡、重軽傷32人
8月、ベルニナ山岳会隊（隊長・佐藤英雄）がガッシャブルムⅡ峰登頂（日本人初）
12月、北大隊（総隊長・林和夫）がバルンツェ冬季初登頂
1981（56）4月、女子登攀クラブ隊（隊長・田部井淳子）がシシャパンマに登頂（日本人初）
5月、日本ヒマラヤ協会隊（隊長・山森欣一）がカンチェンジュ

80 吉沢一郎『山へ』／近藤等『アルプスを描いた画家たち』／田中澄江『花の百名山』（81・読売文学賞）／佐瀬稔『狼は帰らず アルピニスト・森田勝の生と死』／柏瀬裕之・岩崎元郎・小泉弘編『日本登山大系』（全10巻・82年完結）
81 加納一郎『山・雪・森』／高橋照『ネパール曼荼羅』／長谷川恒男『岩壁よ

80 6月、南アルプス林道開通
7月、モスクワ・オリンピック不参加
81 2月、ローマ教皇来日
4月、行政改革本部

ンガ、ヤルン・カンに登頂
5月、北海道山岳連盟隊（隊長・川越昭男）が中国四川省のミニヤ・コンカで遭難、8人死亡
6月、禿博信がダウラギリI峰に単独登頂
7月、岡山インド・ヒマラヤ隊（隊長・近藤国彦）がクン西壁初登攀
8月、早大隊（隊長・松浦輝夫）がK2西稜初登攀
8月、長尾妙子、笠松美和子がグランド・ジョラス北壁ウォーカー側稜を登攀（女性初）
8月、長野県山岳協会隊（隊長・前沢昌弘）がガッシャブルムI峰登頂（日本人初）
8月、長谷川恒男がアコンカグア南壁冬期単独初登攀
10月、イエティ同人隊（隊長・吉野寛）がアンナプルナI峰南壁中央稜初登攀

中高年登山ブーム／ヒマラヤ・アルパインスタイル

1982（57） 1月、JCCの勝野惇司、菊地敏之が谷川岳一ノ倉沢烏帽子沢奥壁大氷柱を初登攀
4〜5月、市川山岳会ミニヤ・コンカ登山隊（隊長・斎藤英明）の松田宏也と菅原信が項上を目指したが遭難、松田は奇跡の生還

おはよう』／島田巽『遥かなりエヴェレスト—マロリー追想』／R・メスナー『ナンガ・パルバート単独行』（横川文雄訳）／小森康行『垂直の上と下』
小学館「BE-PAL」創刊

82 加藤保男『雪煙をめざして』／穂苅三寿雄・貞雄『槍ヶ岳開山播隆』／K・ウォード『青いケシの国』

発足

82 6月、東北新幹線（大宮—盛岡）開通
11月、上越新幹線開業

を果したが、菅原は疲労凍死
†5〜8月、R・メスナーがカンチェンジュンガ、ガッシャーブルムⅡ峰、ブロード・ピークの8000メートル峰3座登頂
8月、池田功らが谷川岳一ノ倉沢衝立岩正面壁雲稜ルートをフリー化
8月、日本山岳協会隊（隊長・新貝勲、登攀隊長・小西政継）が、北稜からチョゴリ（K2）無酸素登頂
9月、山学同志会隊（隊長・湯田一男）がマカルー無酸素登頂
10月、高山研究所隊（隊長・原真）が、アルパイン・スタイルでシシャパンマに登頂
11月、カモシカ同人隊（隊長・佐々木徳雄）がダウラギリⅠ峰北西稜初登攀
12月、北大隊（隊長・安間荘）がダウラギリⅠ峰冬季初登頂
12月、加藤保男が厳冬期のエヴェレストに登頂（冬季第2登）。帰途、小林利明とともに行方不明
1983（58） 7月、富山岳連隊（隊長・木戸繁良）がナンガ・パルバットに西壁から登頂（日本人初）
10月、イエティ同人隊（隊長・吉野寛）の吉野、遠藤晴行、禿博信が南東稜から、山学同志会隊（隊長・川村晴一）の川村晴一、鈴木昇己が南稜からエヴェレスト無酸素登頂。帰途、吉野、禿が

（倉知敬訳）／佐瀬稔『喪われた岩壁』
83 創文社「アルプ」終刊／嶋満則・秋子『ザイルの二人』／谷有二『富士山はなぜフジサンか 私の日本山名探検』／三井嘉雄『黎明の北アルプス』・尾崎隆『果てしなき山行』／上條武『孤高の道しるべ』／岳人編集部『岳人事典』／関

83 5月、日本海中部地震
9月、大韓航空機撃墜事件
10月、三宅島大噴火

転落死亡
10月、カモシカ同人隊（隊長・高橋和之）がローツェに登頂（日本人初）。同隊は12月、エヴェレストに冬季登頂
1984（59）2月、植村直己がマッキンリーの冬期単独初登頂成功後、行方不明となる
3～5月、村嶋雅博が日高山脈積雪期単独縦走
5月、日本山岳会隊（隊長・鹿野勝彦）がカンチェンジュンガ南峰～中央峰を縦走、主峰登頂
7月、日本登攀クラブ隊（隊長・米井輝治）がバフィン島トール西壁初登攀
1985（60）4～5月、山学同志会隊（隊長・坂下直枝）がチョラツェ南稜、タウツェ南東壁、アマ・ダブラム西壁（初登攀）をアルパインスタイルで継続登攀
5月、日中合同隊（隊長・平林克敏）がグルラ・マンダータ（ナムナニ）初登頂
7～8月、関西カラコルム隊（隊長・賀集信）がマッシャブルム北稜―北西壁初登攀、ブロード・ピークにアルパインスタイルで登頂
10月、エヴェレスト登頂者のべ200人を突破
10月、カトマンズ・クラブ隊（隊長・金沢健）がチョー・オユー

根幸次『日本百名谷』／吉沢一郎監修『コンサイス外国山名事典』
84 脇坂順一『七十歳はまだ青春』／廣瀬誠『立山黒部奥山の歴史と伝承』／本多勝一・武田文男『植村直己の冒険を考える』
85 R・メスナー『チョモランマ単独行』（横川文雄訳）／島田巽『山稜の読書家』／田淵行男『黄色いテント』／蜂谷緑『ミズバショウの花いつまでも　尾瀬の自然を守った平野長英』（86年・毎日出版文化賞）／粟林一路『登山家の古典散歩』／文部省『高みへの

84 3月、グリコ社長誘拐事件
9月、長野県西部地震
9月、全斗煥韓国大統領来日
85 4月、日本電信電話株式会社・日本たばこ産業株式会社発足
5月、男女雇用機会均等法成立
8月、日航ジャンボ機墜落事故

に登頂（日本人初）

12月、カモシカ同人の山田昇と斎藤安平が厳冬期のマナスルに北東面からアルパイン・スタイルで登頂

1986（61） 4月、神戸大隊（隊長・平井一正）がチベットのクーラ・カンリ初登頂

8月、登歩渓流会隊（隊長・清水修）がガッシャブルムI峰北面クーロワール初登攀

†10月、R・メスナーがローツェに登頂し、8000メートル峰全14座登頂を達成

12月、カモシカ同人の青田浩、笹原芳樹が厳冬期のプモ・リ東壁をアルパインスタイルで初登攀

1987（62） 4~5月、山野井泰史がエル・キャピタンのラーキング・フィアを単独登攀

7月、山野井泰史がドリュ西壁フレンチダイレクト単独初登攀

7~8月、野中怜樹らがトランゴ・キャッスル初登頂

2月、群馬岳連隊（隊長・八木原圀明）がアンナプルナI峰南壁冬季初登攀

1988（63） 5月、日本・中国・ネパール3国合同登山隊（北側隊長・橋本清、南側隊長・湯浅道男）がエベレストに南北からの交差縦走、テレビ生中継

ステップ』

86 山崎安治『日本登山史』新稿版／長尾三郎『マッキンリーに死す 植村直己の栄光と修羅』／望月達夫『忘れえぬ山の人びと』／島本恵也『山岳文学序説』／堀田弥一『ヒマラヤ初登頂』

87 中垣恒子『忘我の記』／小西正継『ボクのザイル仲間』

88 久保博司『双星の輝き 山小屋物語・穂高岳山荘』

---

86 4月、60歳定年法成立

11月、伊豆大島噴火

87 3月、米国、対日経済制裁措置発表

3月、南氷洋商業捕鯨終幕

4月、国鉄分割、JRグループ発足

10月、チベット暴動

88 3月、青函トンネル鉄道開業

6月、山野井泰史がバフィン島トール西壁単独初登攀
7月、遠藤晴行、遠藤由加がナンガ・パルバットに無酸素登頂（8000メートル峰無酸素は日本人女性初）
1989（昭和64・平成元）2月、山田昇、小松幸三、三枝照雄がマッキンリーのデナリ・パス付近で遭難
5～11月、UIAAがフリー・クライミングのコンペ、ワールドカップ7戦を開催
10月、立山で中高年登山者10人が遭難、8人が低体温症で死亡
11月、平山裕示がニュルンベルクのコンペで海外初優勝
1990（平成2）3月、国際隊（隊長・W・スティーガー）の舟津圭一ら6人が犬ゾリとスキーで南極大陸初横断を達成（89年7月～）
8月、横浜山岳協会隊（隊長・植木知司）がK2北西壁新ルート登攀
6～9月、木本哲らがグレート・トランゴ北東ピラー第2登、南裏健康がネームレスタワー東壁初登攀
7月、山野井泰史がフィッツ・ロイ南西稜冬季単独初登攀
1991（平成3）1月、京都大学学士山岳会・雲南省合同隊が中国雲南省のメイリシュエシャンで遭難。17人行方不明
7月、保科雅則、南裏健康がエル・キャピタンのサウス・シーズ（A5）を登攀

89 川喜田二郎『今西錦司 その人と思想』
90 堀田弘司『山への挑戦―登山用具は語る』／庄田元男『異人たちの日本アルプス』
91 日本ヒマラヤ協会『ヒマラヤへの挑戦―8000m峰登頂記録1』（～2000年・第4巻）／布川欣一『山道具が語る日本登山史』

4月、瀬戸大橋開通
6月、リクルート疑惑
89 1月、昭和天皇死去
4月、消費税実施
6月、中国、天安門事件
90 2月、株価暴落始まる
3月、銀行の土地融資を総量規制
10月、ドイツ再統一
91 1～4月、湾岸戦争
2月、ソ連邦消滅
3月、バブル崩壊始

10月、長谷川恒男、星野清隆がフンザのウルタールⅡ峰で遭難死

10月、'91ワールドカップ第4戦が東京で開催

1992（平成4） 尾瀬の山小屋が完全予約制となる

田部井淳子がカフカスのエリブルースに登頂し女性世界初の七大陸最高峰登頂達成

10月、日中合同隊（隊長・重廣恒夫）がチベットのナムチャ・バルワ初登頂

登山の多様化・商業化

1993（平成5） 1月、吉川謙二らが無補給で南極点徒歩到達

3月、サンナビキ同人の和田城志らが黒部横断、黒部別山トサカ尾根～八ツ峰5峰北面菱ノ稜～剱岳

10月、第1回日本山岳耐久レース（長谷川恒男カップ）開催

12月、群馬岳連隊（隊長・八木原圀明）が冬季エヴェレスト南西壁初登攀

12月、志水哲也が襟裳岬～宗谷岬の北海道主脈単独縦走

12月、白神山地と屋久島が世界自然遺産に登録

1994（平成6） 9月、山野井泰史がチョー・オユー南西壁単

92 E・M・サトウ『日本旅行記1・2』（庄田元男訳）／長谷川恒男『生き抜くことは冒険だよ』／田部井淳子『七大陸最高峰に立って』／日本山書の会編『北の山と本―その登山史的考察』／坂倉登喜子・梅野淑子『日本女性登山史』／白山書房「山の本」創刊

93 日本山岳会編『山岳総合索引1906―1990』／石原きくよ『山を想えば人恋し 北アルプス開拓の先駆者・百瀬慎太郎の生涯』／田畑真一『W・ウェストンの信濃路探訪』

94 薬師義美『ヒマラヤ文献目録』／佐瀬稔『長谷川恒男 虚空の登攀者』江本嘉伸『西蔵漂白 チベットに魅せられた十人の日本人』／根深誠『遥かなるチベット 河口慧海の足跡を追って』／山と溪

まる

6月、雲仙普賢岳の火砕流で43人の死者・行方不明者

92 2月、東京佐川急便の巨額不正融資事件

5月、国連平和維持活動（PKO）法案成立

93 6月、皇太子結婚

7月、北海道南西沖地震

8月、非自民の細川連立内閣発足

94 6月、松本サリン事

独初登攀。長尾妙子、遠藤由加がスイス＝ポーランドルート第2登

12月〜95年1月、伊藤達夫らが黒部丸山東壁中央壁登研第2ルート〜緑ルート、八ツ峰継続登攀

1995（平成7） 5月、日大隊（隊長・神崎忠男）がエヴェレスト北東稜初完登

5月、日本山岳会隊（隊長・重廣恒夫）がマカルー東稜初登攀

7月、戸高雅史らがブロード・ピーク北峰〜中央峰〜主峰をアルパイン・スタイルで縦走（第2登）

7月、千葉工大隊（隊長・坂井広志）がナンガ・パルバット北面新ルート登攀

1996（平成8） 5月、エヴェレストで公募隊の難波康子ら9人が遭難死

7月、日本山岳会東海支部の山崎彰人、松岡清司がウルタールⅡ峰初登頂

7月、戸高雅史がK2単独無酸素登頂

9月、小西政継がマナスル登頂後に消息不明

1997（平成9） 2月、大場満郎が北極海単独初横断

5月、河野兵市が北極点単独徒歩到達

谷社「ヤマケイJOY」創刊

95 W・ウェストン『日本アルプス登攀日記』（三井嘉雄訳）／田口二郎『東西登山史考』／志水哲也『果てしなき山稜』／住谷雄幸『江戸百名山図譜』／山と溪谷社「岩と雪」休刊

96 W・ウェストン『日本アルプス再訪』（水野勉訳）／大森久雄『本のある山旅』／E・M・サトウ『明治日本旅行案内・全3巻』（庄田元男訳）

97 串田孫一・今井通子・今福龍太編『日本の名山』全22巻刊行開始／横山厚夫『山書の森へ』／宮下啓三『日本アルプス』／穂苅三寿雄・貞雄『槍ヶ岳開山播隆』増訂版

98 村西博次『和仏山岳用語解説』／福江充『立山信仰と立山曼荼羅』／根深誠『シェルパ ヒマラ

件

6月、村山内閣発足

9月、関西国際空港開港

11月、大江健三郎がノーベル文学賞受賞

95 1月、阪神・淡路大震災

3月、地下鉄サリン事件

96 2月、北海道の豊浜トンネル落盤事故

12月、ペルー日本大使館人質事件

97 4月、消費税改定（5％）

6〜7月、日本山岳会東海支部隊（隊長・田部治）がK2西稜—西壁初登攀
9月、平山ユージがエル・キャピタンのサラテ壁をオールフリー登攀
1998（平成10）平山ユージが日本人初のワールドカップ総合優勝
10月、山野井泰史が単独でクスム・カングル東壁初登攀
1999（平成11）†5月、マロリー・アーヴィン調査遠征隊（隊長E・サイモンスン）がエヴェレストでマロリーの遺体を発見
9月、羊蹄山で登山ツアー客2人が低体温症で死亡
11月、富士山測候所のレーダー観測廃止
12月、「日光の社寺」が世界文化遺産に登録
2000（平成12）3月、大日岳で文部科学省登山研修所のリーダー研修に参加した学生2人が雪庇崩壊で遭難死
平山ユージがワールドカップ2度目の総合優勝
12月、「紀伊山地の霊場と参詣道」が世界文化遺産登録
2002（平成14）4月、測量法の改正により日本測地系から世界測地系へ変更
5月、渡邉玉枝が63歳でエヴェレスト登頂。女性最高齢

ヤの栄光と死』／丸山直樹『ソロ 単独登攀者山野井泰史』／福島功夫『山の名著30選』／「別冊太陽　人はなぜ山に登るのか　日本山岳人物史」／山と溪谷社「Rock & Snow」創刊
99　竹内正『日本山名総覧』／江本嘉伸『能海寛チベットに消えた旅人』／浅野孝一『行く雲のごとく—高畑棟材伝』／横山厚夫『山麓亭百話・上』（全3巻）／田口二郎『山の生涯　来し方行く末』／W・ウェストン『ウォルター・ウェストン未刊行著作集』（三井嘉雄訳）
00　別冊太陽「山の宗教」
01　長尾三郎『厳しすぎる夢「鉄の男」と呼ばれた登山家・小西政継の生涯』／田畑真一『知られざるW・ウェストン』／菊地俊朗

2〜5月、神戸連続児童殺傷事件
秋田新幹線、長野新幹線開業
12月、京都議定書が採択される
98　2月、長野オリンピック開催
99　5月、情報公開法、周辺事態法が成立
9月、東海村JCO臨界事故
2000　7月、九州・沖縄サミット開催
9月、三宅島が噴火し全島避難。東海豪雨
01　2月、えひめ丸事故
9月、アメリカ同時多発テロ事件発生

記録更新
8月、第1回トランスジャパンアルプスレース
10月、山野井泰史がギャチュン・カン北壁第2登
2003（平成15） 日本山岳ガイド協会統合設立
5月、三浦雄一郎（70歳7カ月）がエヴェレスト登頂。
2004（平成16） 渡邉玉枝が65歳でローツェ登頂（世界最高齢記録）
5月、小山田大がオーストラリア・グランピアンズで世界最難ボルダー課題 The Wheel of Life・V16 初登
7月、平出和也らがスパンティーク北西側稜初登攀
10月、富士山測候所無人化
11月、小山田大がスイス・クレシアーノでヨーロッパ最難課題のひとつ Dreamtime・当時V15（現在V14）を2日間（世界新記録）で再登
2005（平成17） 5月、横山勝丘、一村文隆がハンティントン西壁新ルート、マッキンリー・デナリ・ダイヤモンド（第3登）登攀
7月、山野井泰史が中国四川省のポタラ山北壁初登攀
7月、知床が世界自然遺産に登録
11月、尾瀬がラムサール条約湿地に指定

『釜トンネル　上高地の昭和史』／谷有二『黒船富士山に登る　幕末外交異聞』／鷹沢のり子『芦峅寺ものがたり』
02　高澤光雄『北の山の夜明け』／遠藤甲太『登山史の森へ』／布川欣一編「別冊太陽　山旅の宿」
03　菊地俊朗『北アルプス　この百年』／「別冊太陽　日本の探検家たち」
04　山野井泰史『垂直の記憶　岩と雪の7章』／高橋千劔破『名山の日本史』／徳久球雄・武内正・石井光造編『日本山名事典』／平塚晶人『二人のアキラ、美枝子の山』／穂苅三寿雄『槍ヶ岳黎明』
05　布川欣一編『目で見る日本登山史』／日本山岳会「新日本山岳誌」／菊地俊朗『白馬岳の百年』／雁部貞夫『岳書縦走』／大森久

02　9月、日朝首脳会談　10月に拉致被害者5人が帰国
03　3月、イラク戦争勃発。12月、自衛隊イラク派遣始まる
5月、個人情報保護法成立
04　3月、九州新幹線開業
10月、新潟県中越地震
12月、スマトラ沖地震（インド洋大津波）
05　3月、福岡県西方沖地震。愛知万博開幕
4月、JR福知山線脱線事故

2006（平成18） 10月、白馬岳でガイド登山の客4人が低体温症で死亡
2007（平成19） 山野井泰史、山野井妙子、木本哲がグリーンランド・オルカ初登攀
8月、尾瀬国立公園指定（日光から分割、周辺地域編入）
2008（平成20） 5月、三浦雄一郎が75歳でエヴェレスト登頂（歴代2位）
平出和也、谷口けいがカメット南東壁初登攀（ピオレドール受賞）
9月、佐藤裕介、天野和明、一村文隆がカランカ北壁初登攀（ピオレドール受賞）
2009（平成21） 大雪山系トムラウシ山でツアー客、ガイドなど9人が低体温症で死亡
2010（平成22） 横山勝丘、岡田康がローガン南壁初登攀（ピオレドール受賞）
5月、小山田大がスイス・クレシアーノでStory of Two World・V16を第2登
2012（平成24） 4月、立山御前沢、剱岳三ノ窓雪渓、小窓雪渓が氷河と認定される
5月、竹内洋岳がダウラギリI峰登頂。日本人初の

雄『山の旅　本の旅』／薬師義美『大ヒマラヤ探検史』
07　日本山岳会『日本山岳会百年史』／石岡繁雄・相田武男『石岡繁雄が語る　氷壁・ナイロンザイル事件の真実』
08　大森久雄『山の本歳時記』／E・サトウ編著『明治日本旅行案内　東京近郊編』（庄田元男訳）／雁部貞夫『山のひと山の本―岳人岳書録』
09　五十嶋一晃『山案内人宇治長次郎』／エイ出版社「PEAKS」「ランドネ」創刊
10　山本修二『岳人備忘録』／西本武志『十五年

06　平成18年豪雪
1月、ライブドアショック
07　3月、平成19年能登半島地震
4月、長崎市長射殺事件
7月、新潟県中越沖地震
10月、日本郵政公社民営化
08　3月、チベットで大規模暴動
6月、秋葉原通り魔事件。岩手・宮城内陸地震
9月、リーマンショック
09　8月、裁判員制度開始
9月、民社国連立政権の鳩山内閣発足
10　6月、菅内閣発足
9月、尖閣諸島中国漁船衝突事件
11　3月、東日本大震災・福島第一原発事故。

8000メートル峰14座登頂達成
5月、渡邉玉枝が73歳でエヴェレスト女性最高齢記録更新
5月、北アルプスの小蓮華山で6人が低体温症で死亡
12月、花谷泰広らがキャシャール南ピラー初登攀（ピオレドール受賞）

2013（平成25）5月、三浦雄一郎が80歳でエヴェレスト登頂（最高齢記録）
6月、「富士山─信仰の対象と芸術の源泉」が世界文化遺産に登録

2014（平成26）†4月、エヴェレスト・アイスフォールの雪崩でルート整備中のシェルパ13名が死亡、3人が行方不明
5月、改正祝日法「山の日」成立。16年から8月11日が祝日に
9月、御嶽山が噴火。57人が死亡、6人不明
12月、岐阜県で山岳遭難防止条例施行

2015（平成27）†4月、ネパールでM4・7の地震が発生、8500人以上が犠牲となる。エヴェレスト・ベースキャンプ付近で雪崩のため18人が死亡。

†4月、ボルネオ島キナバル山で地震による地滑り、落石で日本人1人を含む18人が死亡

戦争下の登山─研究ノート』／地球丸「TRAMPIN'」創刊／山と溪谷社「ワンダーフォーゲル」創刊
12 根深誠『イエティ』
13 英国山岳会・英国王立地理学協会編『世界の山岳大百科』／山口耀久『アルプの時代』／五十嶋一晃『立山ガイド史』／金子民雄『東ヒマラヤ探検史』
14 菊池俊朗『ウェストンが来る前から、山はそこにあった』
15 池田常道『現代ヒマラヤ登攀史』P・フィリップ『ヒマラヤ探検史』（藤原多伽夫訳）高澤光雄『北海道の登山史研究』

12 5月、東京スカイツリーが開業
9月、尖閣諸島国有化
12月、第2次安倍内閣発足
13 富士山世界文化遺産登録
10月、伊豆大島土石流災害
14 STAP細胞騒動
4月、消費税改定（8%）
7月、集団的自衛権の行使容認を閣議決定
8月、広島市の土砂災害
15 1月、ISILによる日本人拘束・殺害事件
5月、口永良部島噴火で全島民避難

あとがき　登山史偶感

私は、この10年ほどの間に2度、日本人の山とのかかわりを跡づけた通史を公けにしました。

ひとつは『目で見る日本登山史』で、厳選した1000余点の写真を用いた4部26章の構成を担当し、総説と章の解説17篇を執筆しました。これは、10年に及ぶ編集作業を要した山と溪谷社創立75周年記念出版で、2005年刊、「日本登山史年表」を別冊付録としています。いまひとつは「近代登山史のできごと」50篇で、2010年6月〜翌11年6月、集英社刊『週刊ふるさと百名山』全50号に連載しました。1篇1話、エピソード風に綴っています。

本書は、このふたつを併せて補正加除を施して集成し、1冊に調えたものです。本書にはまた、新たに作成した「日本登山史年表」を加えました。

これまで私は「山と溪谷」創立65周年記念号（1990年5月号）特集「昭和登山史」、同誌750号（98年1月号）記念特集「日本の山を知る10章」に収める登山史年表作成などに当りました。また、畏友・渡辺陸（故人）が編んだ私家版『山と人間の関係史年表』（2007年草稿、09年増補改訂版、A4・756ページ）に加勢したりもしました。今回は、日本山書の会、山崎安治（『世界山岳百科事典』所収）など先輩諸賢の業績や、前記『目で見る日本登山史』付録などを参照しつつ、さらに、書籍・報告書・雑誌・新聞などに収録すべき事項を求め、まったく新しく作成しました。

＊

さて、私を登山史に向かわせた契機を振り返ると、ある「登山史年表」との出逢いにたどり着きます。それは１９６８、９年のことで、山と溪谷社の岳友Ｔから見せられました。山岳書研究に取組む著名な同人会が、２００ページ余の会誌１冊すべてを充て、タイプ文字を用いて縦の表組を連ねていました。その最初のページを捲った見開きに、私は信じられないような〝誤記〟を見つけてしまったのです。

明治初期、右ページにイギリス人Ｄの「針ノ木峠ごえ」が記してあります。左ページ、その2年後の欄に、同名人物が「来日」とあるではありませんか。典拠としている書籍に当ると、来日外国人の登山活動を年ごとに記述しており、「年表」はその通りに採っています。いきなり「来日」前の「針ノ木峠ごえ」を突きつけられた衝撃を、今でも私は鮮明に記憶しています。

腑に落ちないまま月日を過ごした後、私は、書籍が拠り所としたであろう資料を求めて、横浜へ出向きました。開港資料館所蔵「日本アジア協会紀要」中に探し出した報告記事によると、「来日」年は典拠の書籍通りですが、「峠ごえ」はその6年後でした。書籍の著者が西暦の１８７９年を9と1との誤記から１８７１年と記し、かの「年表」がそのまま採っていたのです。その後、この「年表」に依拠した複製年表や論述が少なからず流布しているのを知りました。その多くは、「来日」を省いて「峠ごえ」だけを記し、ミスは拡大再生産されていたのです。

山岳書や山岳雑誌のバックナンバーを読み進めると、さまざまな疑問が生じ、矛盾に気づきます。そのたびに私は、その詮索を自分に課し、それによって、課題の解や新しい知識を得たり、かえって疑問が深まったりします。右のようなミス拡大再生産の例は、枚挙に暇がありません。いつしか、自分が納得するために歴史的事実の確認に執着するようになり、登山史の蟻地獄に嵌りこんで抜けられずにいるのです。

その道程で、登山史を担ったさまざまな分野の先輩諸氏に会い、その謦咳に接して教えを受ける幸運にも恵まれました。山岳書１００冊の読書ノート公開、登山史紀行や論攷の執筆、「別冊太陽」などムックの編集、山岳博物館や山小屋が主催するイベント参画などなど。半世紀を経てなお止まぬ私の登山史彷徨はまだ続きます。

＊

私は「登山史」を、山と人間とのかかわりを主軸にして多角的に跡づける調査・研究だと認識しています。したがってその内容は、インフラを含む社会状況、思想や価値観などとの関係づけを併せて、お読みいただいたように多種多様多岐に拡がります。また、歴史と銘打っていますので、時系列に沿った記述を基本とはしますが、事象から抽出したテーマについて論じる場合などは、時間を遡ったり、先へ跳んだりします。ご了承ください。

もし、先端的な登山者による登頂・登攀などパイオニア・ワークだけを跡づけるのであれば、それには「登頂登攀史」あるいは「日本流アルピニズム史」とでも題してほしいものです。

それから、「山岳史」と称して登山活動の歴史を述べる向きもあります。これについて私は、「史」を

「誌」に変えるよう提案します。その語を、地誌あるいは自然誌を含めて、広範かつ総合的な山岳探求によって得た内容を記す営為に充てるのが、適切ではないでしょうか。こうすれば日本山岳会百年記念、高頭式に倣った『新日本山岳誌』でみるように、「登山記録」あるいは「登山史」は、「山岳誌」の一分野に位置づけられ、混乱は解消できると思うのです。

＊

先述のように、本書はふたつの出版物の内容を集成しています。それぞれで用いた参考文献は、雑誌・会報の類まで含めると、千の単位になります。本文中に記したものもありますが、リストの収録は見合わせました。しかし、その多くは、年表中の「登山にかかわる本」に収めていますので、ご参照ください。

本書に掲載した写真のうち、現在の著作権者、原版所蔵者が不明のものがあります。お心当たりの方は、ご連絡いただければ幸いです。

本書をまとめるに際しては、山と溪谷社山岳図書出版部の米山芳樹氏の多大な援助に支えられました。手書きしか出来ぬ私には、パソコンを駆使する本造りは、まさにカルチュア・ショックでした。とくに「登山史年表」の作成に当っては、共編者と言えるほどの助力に与りました。記して深甚なる謝意を表します。

二〇一五年六月

布川欣一

布川欣一（ぬのかわ　きんいち）

1932年生まれ。登山史研究家。永年、「山と溪谷」をはじめとする山岳雑誌などに登山史関連記事を寄稿。近年では『目で見る日本登山史』、別冊「太陽」「週刊ふるさと百名山」などに普遍的な史観を持った日本登山史を執筆する。大町山岳博物館、富山県［立山博物館］などの講師、専門委員としても活躍。著書に『山道具が語る日本登山史』（1991年・山と溪谷社）がある。

明解日本登山史　YS014

2015年8月1日　初版第1刷発行

著　者　布川欣一
発行人　川崎深雪
発行所　株式会社　山と溪谷社
〒101-0051
東京都千代田区神田神保町1丁目105番地
http://www.yamakei.co.jp/
■商品に関するお問合せ先
山と溪谷社カスタマーセンター
電話　03-6837-5018
■書店・取次様からのお問合せ先
山と溪谷社受注センター
電話　03-6744-1919／ファクス　03-6744-1927

印刷・製本　図書印刷株式会社

定価はカバーに表示してあります

Printed in Japan ISBN978-4-635-51025-7